Bernhard Volmer

Naturerlebnis Ostwestfalen-Lippe

und Dümmer See

Ein Streifzug durch die Jahreszeiten

Wartberg Verlag

Fotonachweis: Alle Fotos Bernhard Volmer
Aufgenommen mit Nikon Kleinbildkameras, Objektive 20 bis 800 mm, Konverter, Blitz, Fernauslösung.
Filmmaterial: Kodak und Fuji.
Alle Fotos wurden in freier Natur aufgenommen, Bilder Seite 82/83 unter kontrollierten Bedingungen.

1. Auflage 1998
Alle Rechte vorbehalten, auch die des auszugsweisen Nachdrucks
und der fotomechanischen Wiedergabe.
Druck: Werbedruck Schreckhase, Spangenberg
Buchbinderische Verarbeitung: Hollmann, Darmstadt
© Wartberg Verlag GmbH
34281 Gudensberg-Gleichen, Im Wiesental 1, Tel. 05603/93050
ISBN 3-86134-436-X

Vorwort

Der vorliegende Bildband ist eine Zusammenstellung von Erlebtem aus den letzten 10 Jahren. Er möchte eine Anregung sein, die verbleibende Natur mit offen Augen zu sehen und zu erleben. Meine Streifzüge führten mich in Richtung Norden zum Dümmer mit seinen Feuchtwiesen und Mooren und in Richtung Südost durch die Hügellandschaft rund um den Teutoburger Wald, wobei ich immer wieder auf den Hermannsweg traf. Es sind also Naturerlebnisse aus einem Landstrich, der wie andere auch geprägt ist von Massentierhaltung, Zersiedlung und Freizeittourismus. Aber in vielen kleinen Gebieten haben wir noch eine sehenswerte Natur, wir müssen sie nur wahrnehmen.

Für mich beginnt ein Tag draußen mit dem Farb- und Temperaturwechsel, dem Konzert der Vögel und dem energiespendenden aufgehenden Licht. Ich beobachte das Verhalten der Tiere und die Schönheit der Pflanzen. Ich bemerke, daß sich verschiedene Tierarten ablösen, die nachtaktiven begeben sich zur Ruhe in ihre Verstecke, während tagaktive erwachen. Gleichzeitig öffnen viele Blumen ihre Blüten, um Insekten anzulocken. Die Sonne nimmt Nebel oder Tau und fällt mit wechselnden Lichtspielen auf Flora und Fauna. Mittags, wenn die Sonne senkrecht steht, ist die Zeit der kurzen Schatten, aber auch die Zeit des Ausruhens. Am Abend verfärbt sich der Himmel wieder, die Dämmerung kommt langsam und die Temperaturen fallen. Tagtiere legen sich nun schlafen, während andere erwachen und die Nacht voller Leben beginnt.

Ein Jahr beginnt für mich mit dem Erleben des Farbenrausches im Frühling, mit dem Entdecken der hervorkommenden Pflanzen sowie der Wiederkehr der Zugvögel. Die Kinderstuben der Tierwelt begeistern mich über Wochen und Monate. Schließlich wird die langsam ausbleichende Sommerlandschaft durch die bunten Farben des Herbstes wieder aufgefrischt. Nachdem das Herbstlaub zu Boden gefallen ist, die Landschaft braun und trübe wirkt, kommt endlich der Winter mit seiner bizarren weißen Pracht.

Unzählige Naturerlebnisse hat der, der diese Veränderungen wahrnimmt, sich über die Natur informiert und sie damit besser verstehen lernt.

Diese Art der Freizeitgestaltung ist für mich die schönste Möglichkeit, Streß, Hektik und Lärm zu vergessen. Auf meinen Ausflügen bemühte ich mich, das Erlebte im Bild festzuhalten. Die Naturfotografie ermöglicht, Schönheiten zu zeigen sowie Details und Bewegungsabläufe, die man nicht immer auf den ersten Blick wahrnimmt, weil sie zu klein oder zu schnell für unsere Augen sind.

Wer erlebt, daß gewohnte Beobachtungen plötzlich ausbleiben, z.B. Vögel aus ihren Winterquartieren nicht mehr zurückkommen oder Pflanzen verschwinden, der spürt, daß es mit dem Raubbau an der Natur so nicht weitergehen kann. Ich hoffe, mit den Bildern in diesem Buch beim Leser Interesse an der Natur zu wecken. Denn nicht Verbotsschilder, sondern Informationstafeln, Exkursionen, Beobachtungshütten und somit eigene Naturerlebnisse werden auf Dauer den Wunsch wecken, die verbleibende Natur zu schützen.

Mögen Verse wie der folgende von Christoph Meckel aus dem Jahre 1974 nicht für unsere Kinder Wirklichkeit werden:

„Wenn erst die Bäume gezählt sind und das Laub
Blatt für Blatt auf die Ämter gebracht wird,
werden wir wissen, was die Erde wert war.
Einzutauchen in Flüsse voll Wasser
und Kirschen zu ernten an einem Morgen im Juni
wird ein Privileg sein, nicht für viele.
Gerne werden wir uns der verbrauchten Welt
erinnern, als die Zeit sich vermischte
mit Monstern und Engeln, als der Himmel ein offener Abzug war für den Rauch und Vögel in Schwärmen über die Autobahn flogen
(wir standen im Garten, und unsre Gespräche
hielten die Zeit zurück, das Sterben der Bäume,
flüchtige Legenden von Nesselkraut).
Shut up. Eine andere Erde, ein anderes Haus.
(Ein Habichtflügel im Schrank. Ein Blatt. Ein Wasser.)"

An dieser Stelle möchte ich mich bedanken bei meiner Frau Adelheid für viele Stunden geduldigen Wartens und der Unterstützung für dieses Buch, bei meinem Bruder Hermann Volmer für das Korrekturlesen und die Bearbeitung der Texte, bei Gisela und Manfred Delpho für die freundliche Empfehlung beim Verlag, bei Karin und Ursin Wienecke für viele schöne Ausflüge in den Teutoburger Wald.

Fotos links: Auf dem Weg zur Ravensburg finden wir Buschwindröschen und Lerchensporn. Letzteren gibt es auch in großer Anzahl am Bauernkamp bei Bad Lippspringe.

Foto oben: Leberblümchen am Jacobsberg bei Halle.

Die Frühjahrsboten

Es ist Mitte März, und es ist schon ein schöner warmer Frühjahrstag. Die Meisen sind bereits in Frühjahrsstimmung. Man spürt, daß die Kraft der Sonne stärker wird und die Natur aus der Winterruhe erwacht.

Ich mache einen Ausflug zur Ravensburg bei Borgholzhausen. Der Waldboden ist noch mit dem braunen Laub des Vorjahres bedeckt. Die Baumstämme werfen lange strichförmige Schatten über den Laubteppich. Viel Sonne fällt zu dieser laubfreien Jahreszeit auf den Waldboden, erwärmt ihn und lockt die Frühblüher hervor. Ich finde kleine grüne Triebe, die versuchen, sich zwischen den Blättern hindurchzuschieben und ans Licht zu kommen. Sie müssen noch wachsen, um auf 15 bis 25 cm Größe zu kommen.

Schon in einer Woche kann es soweit sein. Dann kann das recht häufig vorkommende Hahnenfußgewächs richtige Blütenteppiche ausbilden.

Bei anhaltend gutem Wetter entschließe ich mich zu einer Fahrt zum Jakobsberg bei Halle. Die Leberblümchen, die hier beheimatet sind, blühen ein paar Tage früher als die Buschwindröschen und so kann ich die geöffneten blauen Blütenblätter schon deutlich in dem Buchenlaub sehen. Ihre dreilappigen Blätter liegen flach auf dem Boden und sind nur wenig oder gar nicht zu sehen. Gegen Abend schließen sich die Blüten an den behaarten Stengeln. Die Samenverbreitung erfolgt durch die fleißigen Ameisen. Seit 1971 steht das Gebiet zum Erhalt dieser Pflanze unter Naturschutz. Der kalkreiche, etwas feuchte Boden läßt hier jedes Jahr kaum zählbare Mengen dieser sechs- bis achtblättrigen Blüten gedeihen.

Frühjahrbeobachtungen im Ochsenmoor am Dümmer. Typische Vögel der Feuchtwiesen sind der Kiebitz und die Uferschnepfe.

Feuchtwiesen

Im Frühjahr lohnt sich besonders ein Ausflug in die Dümmerniederung. Um den Tagesanbruch zu erleben, fahre ich um 6.00 Uhr morgens ins Ochsenmoor. Viele Vogelstimmen sind zu hören. Die Feldlerchen singen bei ihren Steigflügen in den stahlblauen Himmel. Kiebitze fliegen mit ihrem schaufelnden Balzflug vorbei. Ich höre Uferschnepfen, Brachvögel und Rotschenkel. Plötzlich vernehme ich ein schwingendes Geräusch, zwei Höckerschwäne fliegen über mich hinweg und landen auf der Teichwiese. Ein Graureiher stellt sich in ca. 25 m Entfernung vor mich hin und wartet auf eine günstige Gelegenheit, ein Kleintier zu erbeuten. Die Sumpfdotterblume, der gemeine Löwenzahn und das Wiesenschaumkraut bestimmen im Frühjahr recht farbenfroh das Aussehen dieser Fläche.

Feuchtwiesen sind nasse Wiesen mit Senken und Gräben, wo sich das Wasser ansammelt, da die unteren Schichten das Versickern verzögern. Zudem begünstigt das niedrige Gefälle des Flachlandes den Wasserhaushalt dieser Gebiete.

Viele Vögel und Insekten leben hier und benötigen Ruhe und Deckung. Intensive Landwirtschaft hat vielerorts die Wiesen verschwinden lassen, außerdem hat eine zu frühe Mahd schon vielen Jungvögel das Leben gekostet.

Seitdem das Ochsenmoor unter Naturschutz steht, haben dort viele Vogelarten die Chance, ihre Jungen in geeigneten Kinderstuben aufzuziehen.

Im April/Mai lohnt sich ein Ausflug zu der Teichwiese im Ochsenmoor, wo man Uferschnepfen gut beobachten kann.

Die Uferschnepfen

Ich stehe mit meinem Auto auf dem roten Ziegelweg vor der Teichwiese und suche mit dem Fernglas die Wiesen ab, ob die Uferschnepfen wieder aus ihren Winterquartieren zurück sind. Leider finde ich keinen Vertreter am vermuteten Ort. Doch plötzlich höre ich das ersehnte „gritta, gritta" laut und durchdringend. Acht Schnepfenvögel kommen von links, fliegen über den Seitenkanal und landen auf der Teichwiese. Nach wenigen Sekunden fliegen noch sechs weitere dieser langbeinigen Vögel mit den langen Schnäbeln dazu. Hals und Brust sind rostbraun gefärbt - die Vögel sind bereits im Brutkleid und streiten untereinander. Vier Vögel fliegen auf und über mich hinweg in Richtung Schäferhof. Im Flug kann man deutlich die schwarze Schwanzendbinde und das weiße Flügelband erkennen.

In einigen Tagen haben sich die Tiere verteilt und ihre Reviere abgesteckt. Bei Revierstreitigkeiten gibt es noch Kämpfe oder Verfolgungsflüge.

Wenn die jungen Nestflüchter nach ca. 22–24 Tagen Brutzeit geschlüpft sind, können wir die Elternvögel häufig auf ihrem Wachposten auf Weidepfählen antreffen.

Bereits Ende Juni verschwinden die Uferschnepfen schon wieder aus ihren Brutgebieten und beenden ihr dreimonatiges Schauspiel.

Brachvögel

Ich stehe auf der Brücke am Schäferhof und schaue den auf der Wasseroberfläche fließenden Pflanzenteilchen nach, die Richtung Huntemündung in den Dümmer schwimmen.

In der Ferne höre ich den stimmungsvollen Flötenruf eines Brachvogels, daher schaue ich mit dem Fernglas über die benachbarten Wiesen und entdecke dabei den etwa krähengroßen Watvogel. Hier im Ochsenmoor brüten seit vielen Jahren Brachvögel, und ich freue mich, daß sie dieses Jahr wieder zurückgekehrt sind. Durch den langen, kräftig gebogenen Schnabel ist der Brachvogel unverwechselbar. Er ist gut getarnt mit seinem gesprenkelten, graubraunen Gefieder. Ein zweiter Brachvogel fliegt hinzu, seine Flügel sind keilförmig gestellt, er beginnt mit einem wellenförmigen Flug, seinen Revieranspruch anzuzeigen und landet mit leiser werdendem Triller auf der Wiese. Vielleicht wird der Vogel dort brüten, so daß ich im Mai mit etwas Glück junge Brachvögel beobachten kann.

Dem Brachvogel begegnen wir von März bis April ebenfalls im Ochsenmoor am Dümmer.

Die Graugänse

Ende Februar flogen mehrere Scharen Gänse in Richtung Nordost über Osnabrück. Zuerst hörte ich nur ihre Rufe, als ich sie dann beobachtete, bis sie am Horizont verschwanden, wanderten meine Gedanken zu den Graugänsen am Dümmer, die ich jedes Jahr mit ihrem interessanten Gruppen- und Familienverhalten betrachten kann. Besonders die Ausflüge der Gänse im Familienverband auf dem Marler Graben oder in der Südbucht erfreuen viele Wanderer.

Heute habe ich am Südturm Glück, einige Gänse sind in der Luft zu sehen, und eine Vierergruppe fliegt ganz nah an mir vorbei.

Vom Ochsenmoor fahre ich zur „Hohen Sieben", einem Naturschutzgebiet in der Nähe von Hüde am Dümmer See. Hier brüten jedes Jahr mehrere Graugänse. Auf dem Weg dorthin sehe ich auf der Möllerwiese ebenfalls vier Paare. Ich beobachte mit dem Fernglas und sehe die ersten kleinen gelben Gänseküken. Die Gössel sind wohl erst in den letzten Tagen geschlüpft und sehen noch wie kleine Knäule aus.

Nach der Eindeichung des Dümmers waren nur noch vereinzelt Gänse zu sehen. 1968 wurden 64 Exemplare von Fehmarn am Dümmer ausgesetzt. Diese vermehrten sich erfolgreich, so daß jedes Jahr ca. 100 Paare ihrem Brutgeschäft nachgehen.

Eine Wanderung auf dem Deich rund um den Dümmer ist immer mit Graugansbeobachtungen verbunden.

Graugänse haben ein interessantes Familienleben. Wir können sie am Norderteich, an den Rietberger Teichen und am Dümmer betrachten.

Ruhige Stellen im Teutoburger Wald oder an Feldrändern sind die Heimat der Füchse.

Am Fuchsbau

Während eines Winterspazierganges im Wald finde ich Fuchsspuren auf dem Waldboden. Die Spuren laufen auf eine hügelige, leicht sonnenbeschienene Fläche. Ich hocke mich hin, so daß ich im unteren Baumbereich weiter in den Wald hineinsehen kann. Die Spuren führen auf einen Fuchsbau zu, der gerade 50 m vom Wanderweg entfernt ist. Der Bau scheint belaufen zu sein, und ich nehme mir vor, im Mai einmal nachzuschauen, ob hier vielleicht Jungfüchse spielen.

Meine Wanderung am 1. Mai führt mich

also zurück zu „meinem" Fuchsbau. Das Dach des Waldes färbt sich mit frischen, zartgrünen Tönen, wodurch die Sonne nicht mehr ungehindert durchscheinen kann. Da es am Vortag geregnet hat, ist das Laub noch naß, und ich kann mit leisen, vorsichtigen Bewegungen einen guten Aussichtspunkt in ca. 20 m Entfernung ansteuern. Der Wind bläst mir leicht ins Gesicht – genau die richtige Richtung – so können die Füchse mich nicht so schnell wittern. Ich tarne mich mit zwei, drei Ästen, die neben mir liegen, damit nur noch das Objektiv frei zu sehen ist, und warte, doch zunächst passiert erst einmal gar nichts. An frischen Spuren und dem aufgewühlten Boden kann ich aber erkennen, daß der Bau besetzt ist, also müßte sich das Warten lohnen!

Geräuschlos reckt plötzlich ein kleiner Fuchs seinen Kopf aus der Höhle. Er schaut neugierig umher und reckt seine Nase in die Luft. Nach kurzem Zögern kommt er heraus und stellt sich auf eine kleine Erhöhung. Ein zweiter, dritter und vierter Jungfuchs folgen. Sie nehmen mich nicht wahr und fangen an zu spielen. Meist balgen sie sich oder tragen kleine Kämpfe aus.

Ein faszinierendes Erlebnis.

Aprilwetter – stimmungsvolle Naturerlebnisse

Es ist Samstag, ich ziehe die Jalousien hoch und schaue in einen grauen Morgen. Regentropfen wehen an das Fenster und laufen langsam in leichten Schlangenlinien vor mir an der Glasscheibe herunter.

Trotzdem entscheide ich mich, zum Dümmer zu fahren. Im April wechselt das Wetter schnell, und gerade in der Dümmerniederung mit ihrer Weite kann man in diesem Monat die schönsten Wolkenstimmungen erleben.

Im Ochsenmoor angekommen sehe ich, daß die Wolken im Westen ein wenig auseinandergerissen werden. Wind kommt auf, eine gute Voraussetzung für Aprilsituationen. Die Wolken bilden zum einen größere Lücken, zum anderen türmen sie sich bedrohlich auf. Ich sehe in den Wolken viele Figuren, Gesichter und Formen. Himmelsstrukturen trennen Licht und Schatten.

Vom Südturm aus betrachte ich den See, ein Graupelschauer prasselt herunter, färbt die Landschaft in ein kurzes, vergängliches Weiß und taut wieder – ein schwacher Glanz legt sich auf die Landschaft. Die Sonne leuchtet wie ein Spotlight Büsche, Bäume, ja jeden Grashalm aus ihrem Winkel an, wodurch die Stimmung noch reizvoller wird. Das Reet wird grell aufgehellt vor dem tiefen Schwarz der Wolken, das Wasser zeigt sich ebenfalls in einem dunklen Grau; als Farbspiel der Natur zieht sich ein Regenbogen durch die Szenerie.

Foto links: Blick vom Südturm auf den Dümmer.
Foto unten: Bohmte unter einem Regenbogen.

Haubentaucher – Balztänzer der Seen

Das Reet biegt sich im Wind, die Wasseroberfläche formt unzählige kleine Wellen, wodurch sich das Reet in Schlangenlinien widerspiegelt. Die ersten grünen Sprieße des diesjährigen Schilfgrases bilden einen Farbkontrast zu den alten, grauen Halmen des Vorjahres. Am Rand des Schilfgürtels sehe ich eine kleine Anhäufung von Pflanzenmaterial, ganz in der Nähe schwimmen Haubentaucher wippend auf den kleinen Wellen hin und her. Ich beobachte sie am Norderteich und freue mich, daß sie auch in diesem Jahr wieder ihrem Brutgeschäft nachgehen wollen.

Die beiden stockentengroßen Haubentaucher mit ihrem auffälligen, zweigeteilten Schopf schwimmen mit abgespreiztem Halskragen aufeinander zu und bleiben kopfschüttelnd voreinander stehen. Dann tauchen beide Partner und kommen mit Pflanzenmaterial im Schnabel an die Wasseroberfläche, schwimmen eilig aufeinander zu und drücken sich aneinander, so daß sie fast ganz aus dem Wasser hervorkommen. Fleißiges Treten mit den Füßen ermöglicht diesen „Pinguintanz".

Das Nicken, Kopfschütteln und das Zurückbiegen des Kopfes mit einer eleganten Halsdrehung sind Bestandteile des auffälligen Balzverhaltens der Tiere.

Der Haubentaucher brütet etwa 30 Tage, danach kann man beobachten, wie die Elterntiere Ausflüge mit ihren Jungen im Rückengefieder unternehmen – für die Jungvögel sicher eine angenehme Art die Welt kennenzulernen.

Am Noderteich sind Haubentaucher gut zu beobachten, auch am Dümmer sieht man sie häufig.

Fasan

Unser farbenprächtiger Gast aus Asien. In einer bunten Wiese sehe ich ein Fasanenmännchen, das durch sein prachtvoll gefärbtes Gefieder auf sich aufmerksam macht. Es geht stolz auf und ab, bleibt stehen, reckt sich und richtet den Schnabel zum Himmel. Danach schlägt es blitzschnell mit den Flügeln auf der Stelle und ruft einen lauten Balzschrei. Ein zweiter Fasan kommt auf die Wiese und nähert sich. Das balzende Männchen geht an einer Reihe Weidezaunpfählen, wahrscheinlich die Reviergrenze, auf und ab, die Hähne kommen sich näher und rennen letztlich aufeinander zu. Mit verschiedenen aufgeregten Lautäußerungen versuchen sie, sich gegenseitig zu beeindrucken; sie senken ihre Köpfe zum Boden und bewegen sich ruckartig hin und her. Plötzlich beginnt ein wilder Luftkampf, die Flügel schlagen gegeneinander, und die Zehen sind zum Gegner gerichtet. Die Tiere landen, beruhigen sich ein wenig, und ein zweiter und dritter Kampf folgen, der Schwächere gibt schließlich nach und verläßt die Arena.
Jetzt erst sehe ich das bräunlich gefärbte, unscheinbare Weibchen, den Grund des gesamten Schauspiels.
Der Fasan muß sich jedoch wohl noch eine Zeitlang um die Gunst des Weibchens bemühen, bevor er als Partner akzeptiert wird.

Fasane finden wir auf Feldern, an Wegrändern, ja sogar in Stadtnähe.

Hecken – Lebensräume mit mehreren Etagen

Es ist Anfang Mai und ich bin auf dem Weg zum Parkplatz im Ochsenmoor. Ich fahre an den Stemmer Bergen vorbei. An den Bäumen entfalten sich Hunderte, ja Tausende kleiner Blätter zu Baumkronen, die zunehmend Schatten auf den Waldboden werfen. Die Frühblüher verlieren ihre Farbenpracht und verschmelzen mit anderen Pflanzen zu einer grünen Waldwiese.

Beim Blick ins Tal fallen sofort die Obstbäume mit ihren zarten weißen Kronen auf. Die Hecken sind weiß-grünliche Wälle zwischen den Feldern und ziehen die immer zahlreicher werdenden Insekten an. Von den Hecken geht

auch gerade jetzt im Frühjahr ein besonderer optischer Reiz aus – die Farbenpracht beginnt bereits auf dem Boden, denn Hecken wurden früher knapp über dem Bogen geschnitten, um sie dichter zu machen. Sie sind von Menschen geschaffen, z.B. beim Ausheben für einen Graben, als Feldbegrenzung oder Windschutz.

Auf großen Agrarflächen finden die Tiere wenig oder gar keine Deckung, so sind diese Hecken oft Anziehungspunkte bzw. Schutzwälle für viele Tierarten.

Besonders die Vogelwelt weckt hier wieder mein besonderes Interesse, wenn zu Frühjahrsbeginn morgens die Vogelkonzerte ertönen, sitzen viele Vögel auf den Heckenbüschen. Der Zilzalp ist als erster zu hören, auch das Rotkehlchen singt schon sehr früh. Viele Meisen lassen hier ihren Balzgesang hören und finden ebenfalls Nistmöglichkeiten. Die Grasmücken besiedeln die unteren Bereiche, die Schwanz- und Beutelmeisen suchen die Astspitzen, die nur wenig Gewicht aufnehmen können, als ihre ökologische Nische. Der „Meistersänger" die Nachtigall trillert ihren Gesang ab Anfang Mai in dem Gestrüpp.

Rebhühner und Fasane brüten häufig in der untersten Etage, Greifvögel und auch Eulen nutzen die oberste Etagen als Sitzwarte.

Foto S. 20 oben: Vielerorts ertönt der lautstarke Gesang der Nachtigall aus Hecken und Sträuchern.
Foto S. 20 unten: Hecke im Ochsenmoor.
Foto links oben: Beutelmeise beim Bau ihres kunstvollen Nestes.
Foto links unten: Blaumeisen suchen auch in Hecken nach Nahrung.

Der Orchideenmonat Mai

An einem schönen, warmen Maitag fahre ich abends in den Schollbruch bei Lengerich. Hier gibt es Trockenrasengemeinschaften mit vielen Schmetterlingen und Orchideen. Es ist schon fast 20.00 Uhr, der Wind flaut ab, und das Licht wird immer gleichmäßiger. Gute Bedingungen um Orchideen aufzunehmen. Wer sie einmal fotografiert hat, der weiß, wie stark diese faszinierenden Gewächse im Wind hin- und herwiegen.

Beim Betrachten aus nächster Nähe sieht man die vielen eindrucksvollen Details, Linien und Farbabstufungen der einzelnen Blüten. Häufig bilden auch die dichtgedrängten Blüten, wie z.B. beim Knabenkraut, gemeinsam eine besondere Form. Wegen ihrer Schönheit zählten Orchideen schon immer zu den begehrtesten Blumen. Leider werden deshalb auch oft Pflanzen ausgegraben und mit nach Hause genommen. Hier verkümmern sie jedoch zumeist, da es sich um Standortspezialisten handelt, die stark an einen bestimmten Lebensraum angepaßt sind.

Für mich ist es immer wieder ein Erlebnis, die Orchideen an ihren angestammten Plätzen wiederzufinden.

Am Silberberg ist der Fliegenragwurz häufig. Er kann von vorgegebenen Wegen, die man nicht verlassen darf, sehr gut bewundert werden. Die kleinen Blüten sind nur 1–2 cm groß und schnell im Gras zu übersehen. Sie sind in unregelmäßigen Abständen am Stengel angeordnet.

Der Bienenragwurz, eine Orchidee, die wesentlich seltener vorkommt, hat eine attraktive Blüte mit gelben Fruchtstengeln.

Im Mai kann man Orchideen am Silberberg bei Lengerich von gekennzeichneten Wegen aus bewundern. Auf dem Foto links oben stellt sich die Pyramiden Hundswurz vor, das Gefleckte Knabenkraut ist auf dem linken unteren Foto zu sehen.

Auf der Seite 23 rechts oben erkennt man die Bienenragwurz, unten links die Einbeere und das große Foto zeigt die Fliegenragwurz.

„Rapsodie"

Der Farbrausch der Felder im Mai ist vom Raps geprägt.
Ein Ausflug zur westfälischen Mühlenstraße lohnt sich zu dieser Zeit besonders. Fasane, Singvögel und Insekten begegnen uns auf unserem Weg.

Großes Foto: Ein Rapsfeld im Ochsenmoor.
Foto links oben: Naturschutzgebiet bei Eisbergen.
Foto Mitte: Die Mühle bei Veltheim.
Foto links unten: Rapsfeld bei Eisbergen.
Foto unten: Die Mühle bei Eisbergen.

Im Oppenweher Moor erleben wir den Fruchtstand des Wollgrases.

Moorzauber

Vor mir liegen ausgedehnte, weißgetüpfelte Flächen mit großen Wollgrasbeständen. Dazwischen sieht man kleine und größere Moortümpel, in denen sich das filigrane Gras spiegelt. Der Wind streicht wellenförmig über die vielen kleinen, weißen Köpfe und bewegt die Halme hin und her. Die feinen silbrigen Härchen zeigen erstaunliche Festigkeit an den Halmen. Eine Windböe drückt sie herunter, doch sie richten sich schnell wieder auf, ohne ihre Härchen zu verlieren.

Ich bin im Oppenweher Moor, um mir den Fruchtstand des Wollgrases anzuschauen. Aus dem Gras ragen Birken heraus, die noch ihr zartes Grün an den weiß-schwarzen Stämmen tragen.

Das Moor hat eine überwiegend ebene Oberfläche, die jedoch nicht durchgehend trägt, sondern schwankt und voller Wasser ist. Die Torfmoose bilden diese Oberfläche und speichern das Wasser. Das Moor ist voller Moorknollen, das sind Wurzelknollen, auf denen das Wollgras wächst. Auch hier höre ich den klangvollen Ruf des Brachvogels, den Balzruf der Bekassinen und der Schwarzkehlchen sowie das Surren von unzähligen Insekten. Früher wurden Moore als unzugängliches, unfruchtbares, ödes Land beschrieben, und man kultivierte immer mehr Flächen in immer kürzeren Zeiträumen. Heute finden wir oft nur noch Hinweise auf frühere Moorgebiete in Form von Ortsbezeichnungen oder Straßennamen.

Im Oppenweher Moor versucht man, das Moor zu rekultivieren, und die Kernzone wurde unter Naturschutz gestellt, so erhält man einen für viele Tierarten wichtigen Lebensraum.

Über dem dunklen Moorwasser findet man in den frühen Morgenstunden eine besondere Stimmung und Stille, die der Sonnenaufgang mit seinen leuchtenden Farben verdrängt. Deshalb lohnt es sich, besonders früh aufzustehen, um eine ganze Weile vor Sonnenaufgang bereits im Moor zu sein.

Meisterflieger, die aus dem Wasser steigen

Die Tage werden länger, die Nächte kürzer und kühlen sich nicht mehr so ab. Auf dem Grund von Tümpeln, vom Moor oder sogar vom Gartenteich leben viele Libellenlarven. Sie warten tagelang auf günstige Wetterbedingungen, um aus dem Wasser zu steigen.

Sie klettern an Halmen oder Blättern der Wasserpflanzen empor. Nachdem sie hoch genug geklettert sind, verankern sie ihre Krallen fest in weichem Pflanzengewebe. Dann kommt eine kleine Ruhephase. Die Larvenhaut platzt auf dem Rücken auf, und die Geburt einer Libelle beginnt. Augen, Kopf und Brust schieben sich aus dem Larvenkörper. Der schwere Vorderkörper beugt sich nach hinten und befreit sich immer mehr aus der Haut. Noch sind alle Körperteile weich, so daß sie sich problemlos aus der Haut herausziehen können. Die Beine härten als erstes an der Luft und klammern sich an den Halm. Jetzt müssen die Flügel ausgebreitet werden. Diese sind wie Fallschirme zusammengepackt und werden durch Pumpen zuerst am Körper entlang entfaltet und später zu den Seiten aufgestellt. Die noch milchigen Flügel benötigen einige Zeit zum Trocknen. Erst die Sonne am Morgen trocknet sie völlig durch, bis sie transparent sind und als Hochleistungsflügel funktionieren. Die Metamorphose von der wasserbewohnenden Larve bis zum atmungsaktiven Fluginsekt ist abgeschlossen. Die Exubie bleibt verlassen am Halm zurück, irgendwann wird sie vom Wind heruntergeweht oder vom Regenwasser weggespült. Manchmal kommt es zu einem Massenschlüpfen von Libellen, und wir können verlassene Larvenhüllen an vielen Halmen finden.

Das gesamte Schauspiel zeigt sich in den nächsten Wochen immer wieder, und immer neue Arten steigen aus dem Wasser auf.

Die Vierflecklibelle

An Teichen, sogar an unseren Gartenteichen, sind solche Libellen-Geburten zu beobachten. Von April bis September fliegen Libellen über die Gewässer. Im Oppenweher Moor sind Libellen sehr zahlreich. An Flüssen und Bächen fliegt die gebänderte Prachtlibelle.

Foto oben: Der Wartturm bei Lübecke.
Fotos rechts: Den Buntspecht sieht man recht häufig auch in großen Gärten und Parkanlagen.
Foto S. 31: In Wäldern mit hohen Buchen treffen wir den Schwarzspecht.

Die Zimmerleute des Waldes

Während eines Spazierganges im Teutoburger Wald höre ich ein aufgeregtes „Kixen" in meiner Nähe. Ich erkenne den Ruf des Buntspechtes und suche die Bäume nach einer Spechthöhle ab. In einem abgestorbenen, mit Pilzen bewachsenen Baum entdecke ich drei Höhlen. Aus einer Höhle hört man den Ruf eines Jungvogels.

Als ich eine Woche später wiederkomme, kann ich beobachten, daß die Jungvögel bereits aus der gezimmerten Höhle herausschauen.

Der Buntspecht ist der verbreitetste Specht. Zeitweise benutzen Buntspechte eine Spechtschmiede als Hilfsmittel zur Nahrungsernte. Das kann eine kleine Astgabel, eine Holzspalte oder einfach ein Riß in der Baumrinde sein, in dem dann etwas festgeklemmt wird. Hier hackt der Vogel dann Nüsse auf oder zerknackt Zapfen. Man spricht deshalb von einer Art Werkzeuggebrauch bei Buntspechten. Diese Tiere können wir nicht nur im Wald, sondern mit viel Glück auch im eigenen Garten antreffen. Er kommt dort an die Winterfütterung, sogar bis an unsere Häuser.

Unser größter, fast krähengroßer Specht ist der Schwarzspecht. Ihn finden wir in alten Buchenbeständen oder auch in Parks. Er ist ein wichtiger Höhlenbauer, denn die verlassenen Bruthöhlen werden in den darauffolgenden Jahren gerne von Dohlen, Hohltauben und anderen größeren höhlenbewohnenden Tieren bezogen.

Den Grün- und Grauspecht treffen wir vor allem dort, wo sich auch Ameisen aufhalten.

Für alle Spechte ist jedoch wichtig, daß absterbende Bäume nicht sofort entfernt werden, damit unsere Zimmerleute des Waldes genügend Raum für ihre Wohnungen finden.

Foto oben: Wanderweg vom Norderteich Richtung Bad Meinberg.
Foto unten: Der Kuckuck sucht zur Eiablage nach Wirtsvögeln.
Foto rechts: Der Feldhase begegnet uns an Feldrändern.

Feldränder

Vor mir liegt ein holpriger Feldweg, der durch Wiesen- und Weideland führt. Büsche säumen rechts den Weg, links ein Graben, dahinter eine Reihe von Pfählen mit Stacheldraht.

Ich beobachte ein Braunkehlchen, das gerade eine große Made erbeutet hat. Es fliegt auf einen Pfahl und sichert, ob auch keine Gefahr zu sehen ist, dann fliegt es herunter in den Grabenbereich und kommt kurze Zeit später wieder hervor. Wahrscheinlich hat der kleine Vogel dort im Grabengebüsch gerade seine Jungen im Nest gefüttert.

Das Braunkehlchen ist so groß wie das Rotkehlchen. Früher war es ein Allerweltsvogel des Kulturlandes. Von Mitte April bis zum August war es an Straßen- und Grabenböschungen, Wiesen, Weiden und Feldern anzutreffen. Heute ist es seltener geworden. Ab August ziehen die Braunkehlchen wieder nach Afrika, südlich der Sahara.

Auch der Kuckuck ist immer wieder an Feld- und Wiesenrändern zu beobachten. Er ist etwas kleiner als eine Taube und sperberähnlich gezeichnet. Ab April sehen wir ihn dort, wo wir seine Wirtsvögel antreffen. Da er kein eigenes Nest baut, sondern die Eier bevorzugt in die Nester von Teichrohrsängern, Bachstelzen, Rotkehlchen, Piepern, Neuntötern und Grasmücken legt, ist er auf diese Vögel angewiesen. Das Kuckucksweibchen entfernt ein Ei aus dem Nest des Wirtsvogels und legt ein täuschend ähnliches Ei hinzu. Ein Kuckucksweibchen bildet sein Leben lang immer einen bestimmten Eityp aus. Da die Entwicklungsdauer kurz ist, schlüpft der Kuckuckjungvogel als erster und wirft sofort alle anderen Eier aus dem Nest. So wird gewährleistet, daß er von seinen kleinen Wirtseltern das gesamte Futter erhält.

Auch Hasen bewohnen Wiesen, Felder und Waldränder.

Kürzlich konnte ich einen Hasen beobachten, der langsam auf mich zulief und sogar bis auf 15 m an meinen Wagen herankam. Dort blieb er mit hochgestellten Ohren stehen und betrachtete mich mit seinen großen Augen, bevor er das Weite suchte.

Reiherenten sind z.B. am Norderteich zu Hause.

Die Reiherente

Das Licht der noch tiefstehenden Sonne scheint über die Wasserfläche und fällt auf die Reetgrasbereiche. Diese spiegeln sich jetzt um 6.00 Uhr morgens sehr schön im Wasser. Die Wasseroberfläche ist noch ganz glatt, sie wird aber bei aufsteigender Sonne und leicht aufkommendem Wind ihre spiegelnde Wirkung verlieren.

Der Reetbereich wird gerne von Enten als Schutzgürtel aufgesucht. Eine Reiherente kommt hervor, schwimmt ein Stück in den See hinein und wieder zurück. Das gelbe Auge im schwarzen Schopfgefieder leuchtet jetzt im Licht. Plötzlich läuft der Vogel auf dem Wasser an, startet, fliegt auf und landet in ca. 100 m Entfernung. Dort kommt das braune Weibchen zum Vorschein und beide Vögel schwimmen nebeneinander durch ihr Revier.

Reiherenten gehören zu den Tauchenten, im Winter kommen oft große Trupps zum Dümmer oder ins Ostwestfälische Land. In Städten sehen wir sie sogar auf Dorfteichen oder Klärteichen. Da die Ente erst sehr spät brütet und ihre Legezeit somit erst Mitte Mai bis Ende Juni liegt, kann sie leider bei der Aufzucht ihrer Jungen durch Badegäste und Wassersportler empfindlich gestört werden.

Die weißen Majestäten unserer kleinen Seen
Jedes Jahr beobachten wir die Höckerschwäne auf dem Donoperteich bei Lage. Auf dem Weg zum Hermannsdenkmal, zur Senne oder zu den Externsteinen kommen wir hier vorbei.
Ihren Namen bekamen die Schwäne durch den Schnabelhöcker, der beim Männchen zur Brutzeit am stärksten ausgebildet ist. In der Luft hört man das schwingende Geräusch ihres Fluges, und es ist für mich jedesmal ein besonderes Erlebnis, wenn diese großen Vögel über mich hinwegfliegen oder sich beim „Landeanflug" ausgleiten lassen. Der Start aus dem Wasser benötigt einen größeren Kraftaufwand, und die Tiere laufen oft ein paar Schritte über die Oberfläche bevor die Flügel die gesamte Arbeit übernehmen können. Höckerschwäne haben oft untereinander heftige Auseinandersetzungen. Sogar der Bruterfolg geht zurück, wenn sich zu viele Schwäne auf einem kleinen Teich einfinden.

Schwäne sehen wir am Dümmer, auf den Rietberger Teichen, dem Norderteich und auf Seen in Städten und Gemeinden.

Weißstorch mit Nistmaterial.

Meister Adebar – es gibt ihn noch

Meine Vatertagstour findet in diesem Jahr auf einem Heuboden statt. Ich hatte mich mit einem Landwirt verabredet, der, so lange er zurückdenken kann, ein Weißstorchpaar auf seinem Grundstück beherbergt. Aus einem Giebelfenster kann man direkt zum Wagenrad sehen, das das große Nest trägt.

Ich beobachte, wie ein Storch mit Nistmaterial angeflogen kommt und an seinem Nest baut; sein roter Schnabel und die roten Beine leuchten im Licht. Der Partner kommt hinzu und wird mit einem lauten Schnabelgeklapper begrüßt. Die Vögel werfen ihre Köpfe in den Nacken und neigen sich wieder nach vorn.

In der Dümmerniederung treffen wir noch auf den Weißstorch, der allerdings auch hier in seinem Bestand stark zurückgeht. Eine große Gefahr ist die Verdrahtung in der Landschaft; etwa 60% der tödlich verunglückten Störche sind Stromdrahtopfer.

So fragen sich Naturfreunde jedes Jahr Ende August, ob diese schönen Schreitvögel im nächsten Jahr wohl wieder aus ihren Winterquartieren in Afrika zurückkehren werden. Der Weißstorch ist auf extensiv genutztes Grünland mit Feuchtwiesen und Teichen angewiesen. Nicht nur Frösche, sondern auch Mäuse, Insekten und Regenwürmer stehen auf seinem Speiseplan.

Foto oben und Mitte: Im Ochsenmoor leben noch wenige Weißstörche.
Foto links: Storchennest beim Schäferhof.

Das quakende Volk

Auf der Wasserfläche zeichnet sich der Umriß eines kleinen Kopfes ab, dann auch der gesamte Körper eines Frosches. Die großen, hervorstehenden Augen schauen aufmerksam, ob alles ruhig ist. Allmählich tauchen immer mehr dieser kleinen grünen Frösche auf, und Wasserringe treffen aufeinander. Ein Frosch beginnt mit einem kurzen Ruf, hierfür bläst er die Schallblasen auf, die sich in einem Spalt hinter den Mundwinkeln zu beiden Seiten des Kopfes befinden. Sein Ruf wird erhört, und ich sitze mitten in einem quakenden Volk. Ein Reiher fliegt über uns hinweg, sofort ist Ruhe angesagt; die Frösche tauchen blitzschnell ab. Nach ungefähr 15 langen Minuten kommen sie einer nach dem anderen wieder hoch und das Schau- bzw. Hörspiel beginnt von neuem. Wasserfrösche legen ihren Laich in großen Klumpen ab, die jeweils einige hundert Eier enthalten. Ein Weibchen kann bis zu 10.000 Eier ablegen. Nach 8–10 Tagen schlüpfen die Kaulquappen, diese verwandeln sich wiederum nach 4 Monaten in Jungfrösche. Frösche sind an stehende Gewässer mit flachen Uferzonen sowie tieferen Bereichen gebunden. Die flachen Zonen sind mit Pflanzen bewachsen und bilden den Übergang vom Land zum Wasser. An diesen Uferzonen stehen Binsengewächse, Rohrkolben und Schilf. Das Wasser wird hier schnell erwärmt und unterliegt somit großen Temperaturschwankungen. In den tiefen Bereichen mit den gleichmäßigen Temperaturen überwintern Frösche und kommen erst an warmen Tagen an die Oberfläche. Hier wachsen Schwimmblattgewächse wie Laichkräuter und Seerosen.

Auf Seerosenblättern ruhen sich Frösche gerne aus, aber auch ihre Nahrungstiere wie Libellen und andere Insekten.

Sonnentau, eine fleischfressende Pflanze

Lange habe ich gesucht, bis ich ihn endlich gefunden habe – den Sonnentau! Ich war erstaunt, weil ich ihn mir viel größer vorgestellt hatte.

Der Sonnentau liegt flach am Boden, und seine Blätter sind nur wenige Millimeter groß. Um die Blätter ist kreisförmig ein Ring aus klebrigen, glänzenden Tropfen angeordnet. Die Pflanze leuchtet verführerisch rot, besitzt jedoch eine grünliche Blattmitte. Eine Libelle fliegt auf das Gewächs und setzt sich. Sie will wieder starten, aber die klebrigen Punkte halten sie fest. Ein verzweifelter Kampf beginnt, die Libelle schlägt immer heftiger mit den Flügeln, wodurch sie sich immer mehr verklebt. Die Pflanze gewinnt den Kampf und hat ihre Stickstoffversorgung für die nächsten Tage gesichert.

Der Sonnentau wächst in Flach- und Hochmooren mit sauren Böden. Zum Fangen von Insekten besitzt er klebrige Drüsenhaare. Verdauungsdrüsen produzieren Sekrete, die das Insekt verdauen. Absorptionshaare nehmen die Verdauungssäfte für die Pflanze auf. Diese zusätzliche Stickstoffversorgung ermöglicht den Standort Moor, durch Photosynthese wird der Bedarf an anderen Stoffen gedeckt.

Schwarze, kleine Klümpchen finden wir als Restspuren der verdauten Insekten an diesen interessanten Pflanzen.

Foto S. 38 oben: Sobald die Sonne im Frühjahr intensiver wird, fangen Wasserfrösche an zu rufen.
Foto S. 38 unten: Laubfrösche sind sehr selten geworden.
Foto oben und links: Im Oppenweher Moor findet man den Sonnentau.

Foto oben und unten links: Die Rauchschwalbe lebt auf Bauernhöfen mit Viehhaltung und guten Einflugmöglichkeiten. Foto rechts unten: Im Freilichtmuseum Detmold werden wir daran erinnert, daß die Rauchschwalbe früher auf den Dielen der Höfe ideale Brutmöglichkeiten fand.

Die Flugkünstler der Bauerndielen

Die Fliegen untersuchen meine Kamera, zwei Kühe schauen gelangweilt zu. Ich bin zum wiederholten Male auf diesem Bauernhof, denn es fasziniert mich, wie schnell die Schwalben durch die Öffnungen der Dielentür fliegen. Ich versuche, diesen Bewegungsablauf, der für unser Auge zu schnell ist, mit der Kamera einzufangen. Es ist nicht einfach, und oft bin ich zu langsam mit dem Auslösen. Rauchschwalben sind wahre Flugkünstler und wunderschön. Schade, daß sie immer seltener zu sehen sind, weil sie auf vielen Höfen keinen Platz mehr finden. Im Freilichtmuseum Detmold gibt es mehrere Höfe, wo früher Hunderte von Schwalben ihre Heimat hatten.

Rauchschwalben sind sehr schlanke Vögel mit einem langen, tiefgegabelten Schwanz. Ihre Oberseite schimmert dunkelblau, metallisch glänzend. Schwalben sind reine Flugjäger, dieses zu beobachten ist besonders eindrucksvoll, denn alle möglichen Flugbewegungen werden beherrscht. Häufig sieht man sie auch in der Sommerzeit auf Dächern oder Drähten sitzen. Ihre Winterquartiere sind im tropischen Afrika. Bei uns verweilen sie von Anfang April bis Ende September. Ihre Nester kleben sie auf eine Stütze an senkrechte Flächen. Da sie gern im Inneren von Gebäuden nisten, suchen sie Dielen mit Viehhaltung und entsprechenden Insekten auf. Meist haben sie 2 Jahresbruten.

Ihre Verwandten, die Mehlschwalben, brüten unter Dachüberständen, und ihre Nester sind bis auf ein halbrundes Einflugloch geschlossen. Die Mehlschwalbe hat kürzere Schwanzfedern und flattert mehr im Flug.

Foto oben: Eisvögel gebrauchen fischreiche Gewässer und geeignete Ansitzwarten.
Foto unten: Schloßgräben, wie hier bei Schloß Holte, werden vom Eisvogel aufgesucht.

Der fliegende Edelstein

Seit knapp 1 1/2 Stunden sitze ich im Tarnzelt an einer Fischzuchtanlage und warte auf den Eisvogel. Schon früher habe ich den schönen Vogel lange beobachtet und dabei gesehen, daß er sich immer wieder auf das Wasserrohr setzte. Nun habe ich einen längeren Ast über das Rohr gelegt, so daß er von dort gut auf die kleinen Fische im Wasser schauen kann. Er brütet wahrscheinlich an dem kleinen Bach, der ca. 300 m von den Teichen entfernt fließt. Das reichhaltige Nahrungsangebot lockt ihn zur Fischzuchtanlage.

Ich schaue immer wieder auf den Zweig – nichts – die Zeit vergeht. Schließlich wird meine Geduld belohnt: Ein scharfes gedehntes „tjie" und plötzlich sitzt der Vogel an der erhofften Stelle. Blitzschnell ist er flach über das Wasser und dann gezielt auf den Stock geflogen. Nun sitzt er vor mir, er ist kaum größer ist als ein Spatz, hat einen gedrungenen Körper mit einem kurzen Schwanz. Seine Oberseite ist kobaltblau, die Unterseite orangebraun gefärbt, an der Halsseite befindet sich ein weißer Fleck. Auffällig ist der große kräftige Schnabel, dessen Unterseite beim Weibchen eine rote Färbung aufweist. Die Jungvögel zeigen ein braunes Bauchgefieder und haben dunklere Beine.

Plötzlich stürzt sich der Eisvogel kopfüber vom Zweig herunter ins Wasser und kehrt schon nach wenigen Sekunden wieder mit einem zappelnden Fisch im Schnabel zurück. Er schlägt den Fisch gegen den Zweig, dreht ihn im Schnabel bis die Beute kopfvoran darin verschwindet. Dann fängt er einen zweiten Fisch und fliegt davon.

Die kleinen, schillernden Vögel sind sehr selten geworden. Gründe dafür sind die Vernichtung der Brutplätze durch Fluß- und Bachbegradigungen, die Verfolgung als Fischfeind sowie die Wasserverschmutzung.

Der Eisvogel baut seine Brutröhre in Steilwände. Er beginnt im Rüttelflug mit dem Lochbau und „schaufelt" mit dem Schnabel so eine 50–90 cm lange Röhre. Er kann 2–3 mal pro Jahr brüten. Damit werden die hohen Winterverluste, die bis zu 90% betragen können, ausgeglichen. Die Eier werden 20 Tage bebrütet, die Jungen werden im Nest noch ca. eine Woche gefüttert. Danach werden sie nur noch ein paar Tage im Revier geduldet und dann verjagt.

Der Farbrausch der Mohnblume
Während einer Fahrt durch das Lipper Land sehe ich die leuchtend roten Mohnblumen am Straßenrand. Die Sonne ist gerade aufgegangen und leuchtet flach in dem Blütenkelch des Klatschmohngewächses. In verschiedenen Rottönen werden die übereinanderliegenden Blütenblätter durchleuchtet. Der Fruchtknoten mit Griffel und Narbe bildet ein Schattenspiel auf den roten Blättern.

Seitdem die Feldränder nicht mehr gespritzt werden, haben Kamille, Korn- und Mohnblume diese Regionen wieder zurückerobert. Die Stengel der Mohnblume sind behaart, die Blüten sind einzeln auf dem langen Stiel angeordnet und wirken recht groß, die Blütenblätter sind scharlachrot und färben sich am Blattansatz schwarz. Insgesamt kann die Pflanze eine Größe von 80 cm erreichen.

Das Rot der Mohnblume schmückt die Feldränder.

Schmetterlinge

Es ist ein warmer, schöner Tag Ende Mai; ich befinde mich auf einem Wanderweg am Rand des Oppenweher Moores. Vor mir im Gras finde ich einen braunen Falter mit großen Augenflecken, er hält sich an einem Grashalm fest. Mir fallen sofort die stark gekämmten Fühler auf. Es ist das Männchen des kleinen Nachtpfauenauges, das auf der Suche nach einem Weibchen ist. Die Flügel liegen übereinander, so daß man nicht alle vier „Augen" auf den Flügeln sehen kann. Der Falter fliegt im April und Mai und lebt in Buschland, Heide, Mooren und Trockenrasen. Die Männchen fliegen tagsüber, die Weibchen nur nachts. Die Weibchen sitzen tagsüber im Gras und strömen Duftstoffe aus, die die Männchen mehrere Kilometer weit wahrnehmen können.

Diese Falter nehmen keine Nahrung auf, sie leben von Reserven aus dem Raupenstadium. Bis ein Schmetterling fliegt, verwandelt er sich vom Ei in eine blattfressende Raupe, dann folgt die Verpuppung, und schließlich entfaltet sich ein vierflügeliges Insekt, das keine Ähnlichkeit mehr mit der Raupe oder der Puppe hat. Die Flügel sind völlig symmetrisch und bestehen aus unzähligen Schüppchen. Diese sind abgeplattete und verbreiterte Haare, die die schönsten Formen bilden und die verschiedensten Farben wiedergeben. Für Schmetterlingsbeobachtungen fahre ich ebenfalls gern zu den Emsquellen am Südrand der Senne. Den kleinen Fuchs und das Tagpfauenauge findet man auch auf den Heideflächen, die in diesem Bereich noch nicht zum militärischen Sperrgebiet gehören.

Das Tagpfauenauge hat auf jedem Flügel ein kreisförmiges Gebilde, ähnlich einem Auge. Man erkennt gut die für Tagfalter typischen langen, fadenförmigen Fühler, die am Ende kolbenartig ausgebildet sind. Tagpfauenaugen fliegen ab August, man kann sie dann häufig auf Blumen finden, wo sie ihre Nahrung aufnehmen.

Am Dümmer kann man den farbenprächtigen C-Falter sehen. Wenn dieser Falter die Flügel senkrecht zusammenlegt, kann man deutlich ein weißes C an der Unterseite der Flügel erkennen.

Foto oben: Tagpfauenauge
Foto Mitte: C-Falter
Foto unten: Nachtpfauenauge

*Großes Foto: Die Zauneidechse sucht zum Wärmen freie Stellen.
Kleines Foto: Eidechsenmännchen mit auffälliger Grünzeichnung*

Auf Moor- und Heideflächen können wir mit etwas Glück die selten gewordenen Kreuzottern entdecken.

Die kleinen, flinken Eidechsen

Auf einer Radtour durch die Heidelandschaft am Rand der Senne huscht etwas so schnell durch das Gras, das ich es gar nicht erkennen kann. Ich halte an, bleibe ganz ruhig stehen und hoffe, daß das Tier zurückkommt, um sich in die wärmende Sonne zu legen. Es dauert ein Weilchen, dann sehe ich einen Kopf, und langsam kommt auch der Körper hervor: Es ist ein Zauneidechsenweibchen. Die Tiere wirken wie Geschöpfe aus einer anderen Zeit. Die kleinen Beine haben lange Zehen, die Haut ist bei näherem Hinsehen geschuppt oder sogar fast geperlt. Eidechsen sind sehr aufmerksam; schon die kleinste Bewegung von mir kann das schöne Erlebnis ihrer Beobachtung beenden. Im Juni/Juli habe ich schon des öfteren Männchen mit der auffälligen Grünzeichnung an den Kopfseiten gesehen. Das Weibchen vor mir ist auf dem Rücken hellbraun. Mit seiner typischen Längsstreifung und dem dunklen Mittelstreifen läßt es sich gut bestimmen.

Die aggressiven Schönheiten

Der Holzpfad endet und ich betrete wieder Moorboden. Plötzlich schlängelt sich vor mir eine daumendicke Schlange nach rechts ins Gebüsch. Ich verhalte mich ruhig, spüre, daß der Wind von vorn kommt und warte. Es klappt: Eine Kreuzotter schleicht fast geräuschlos aus dem Gras und begibt sich wieder auf den unbewachsenen Fleck, ca. 2 m von mir entfernt. Immer wieder züngelt sie, um Gefahr rechtzeitig zu wittern. Ich weiß, daß sie sich auf ihr Gift verläßt und schlagartig vorstoßen kann. Vor dem Angriff wird sie sich eindrehen und fauchen. Vorsichtig beobachten wir uns gegenseitig, keiner bewegt sich ruckartig – ein harmloses Zusammentreffen. Ich kann mir das dunkelbraune Tier mit dem dunklen Zickzackband genau ansehen, es ist ein Weibchen, die Männchen sind grauer gefärbt. Man kann auch die senkrechte Pupille gut erkennen, an der man die Kreuzotter von einer Schlingnatter unterscheiden kann, die runde Pupillen hat.

Kreuzottern können auch kupferrot oder schwarzblau sein, sie leben an Feldrändern, in Heide- oder Moorgebieten sowie bewachsenen Geröllhalden und jagen Mäuse und Frösche.

Nach der Winterruhe paaren sich die Schlangen im April, die Weibchen bringen im August 10–15 knapp 20 cm lange, junge Schlangen zur Welt. Während der Entwicklungs- bzw Tragzeit gebrauchen die Tiere Ruhezonen.

Kälte und Nässe verstärken die geheimnisvolle Stimmung eines Herbstmorgens im Moor.

Im Oppenweher Moor

Die stimmungsvollste Jahreszeit im Moor ist der Herbst. Die heißen Tage im August haben das Moor fast trockengelegt, der Wasserstand ist niederschlagsabhängig, und die Wiedervernässung dauert sehr lange. Zuviel Wasser verdunstet an heißen Tagen und die Luft flimmert, wenn der dunkle Boden die Wärme aufnimmt und Feuchtigkeit abgibt. Kurz vor dem Trockenfallen färbt sich das Moor in viele verschiedene Grüntöne. Die hervorstehenden Moorknollen fallen zuerst trocken und stehen dann auf dunkelgrünem Untergrund. Solche Farbabstufungen kenne ich nur aus dem Moor.
Durch wieder zunehmende Niederschläge Anfang September verwandelt sich der grüne Untergrund in düstere, unüberwindliche Moortümpel. Wenn dann die Nächte kälter werden, steigen Nebelschwaden auf und die Landschaft wirkt unheimlich. Moorknollen tauchen unerwartet aus dem Morgennebel auf. Die Tiefe ist genommen; alles sieht gleich aus, ja sogar ein bißchen gespenstisch. Denn die eigentlich bekannte Landschaft wirkt wie ein Labyrinth. Die Feuchtigkeit kriecht in die Kleidung, man empfindet die Temperaturen kälter als sie in Wirklichkeit sind. In solchen Momenten sind mir die Ängste unserer Vorfahren vor dem Moor schon verständlich.

Annette v. Droste-Hülshoff
Der Knabe im Moor
„*O schaurig ist´s übers Moor zu gehen,*
Wenn es wimmelt vom Heiderauche,
Sich wie Phantome die Dünste drehn
Und die Ranke häkelt am Strauche,
Unter jedem Tritte ein Quellchen springt,
Wenn aus der Spalte es zischt und singt!–
O schaurig ist´s übers Moor zugehn,
Wenn das Röhricht knistert im Hauche!
(...)"

Farbpalette des Herbstes.

Im Herbst lohnt sich ein Ausflug zum Luisenturm. Wenn gegen Abend der kühle Wind aufkommt, erinnert man sich gerne an die warmen Sommertage.

Eduard Mörike
Septembermorgen
„Im Nebel ruhet noch die Welt,
Noch träumen Wald und Wiesen:
Bald siehst du, wenn der Schleier fällt,
Den blauen Himmel unverstellt,
Herbstkräftig die gedämpfte Welt
In warmem Golde fließen."

Die Tage werden wieder etwas kürzer, die Sonne scheint flacher, hüllt morgens und abends das Laub der Bäume in einen goldenen Schimmer. An Bachrändern, Gräben und Wegen spiegelt sich die Herbstsonne, an Büschen reifen Beeren, die Sonnenblumen senken die Köpfe, und die Vögel pflücken sich Kerne und Beeren oder fangen die schwächer werdenden Insekten. Wenn in einigen Tagen Nachtfrost einsetzt, sind die vielen Insekten verschwunden, die jetzt noch auf dem roten Heidekraut tanzen. Die Kornfelder sind nur noch Stoppelfelder; die Tiere müssen die reifen Früchte zusammentragen. Eicheln, Bucheckern, Kastanien, Beeren, Samenkörner und Nüsse werden nun gesammelt und auch schon für den Winter vergraben.

Die Auswirkungen der herbstlichen Jahreszeit sind am besten an der Verfärbung des Laubes erkennbar. Die Blätter leuchten in gelb und rot, auf dem hellen Untergrund erscheinen die Blattadern immer klarer. Die Goldrute schimmert am Wegesrand. Pralle Hagebutten und Heckenrosen leuchten rot vor gelbem Hintergrund. Das Laub fällt und fällt, so daß das Walddach immer offener unter dem blauen Himmel wird. Der Waldboden bekommt wieder mehr Licht, das Moos an den Baumstämmen leuchtet, wir sehen Eichhörnchen und Eichelhäher wieder des öfteren. Im Laub wühlt der Igel auf der Suche nach Würmern.

Der Wind nimmt zu; die Zugvögel verlassen unser Gebiet, um in wärmere Gefilde zu ziehen. Pilze schieben sich verschiedenfarbig aus dem Laub; als wollten auch sie an dem Farbspiel teilhaben, präsentieren sich die Fliegenpilze im schönsten Rot.

Kurz vor Sonnenaufgang kann man diese filigranen Schönheiten bewundern. Bei aufgehender Sonne kommt Wind auf, und das Schauspiel ist beendet.

Morgentau
Es ist 5.30 Uhr, und ich gehe mit Gummistiefeln, an denen das Wasser herunterläuft, durch das nasse Gras. Der Wind ist noch nicht aufgefrischt, das ist gut so, denn ich bin auf der Suche nach Libellen, die diese Nacht in Kältestarre verbracht haben. Ich liebe diese Stimmung, die sich vor Sonnenaufgang einstellt. Unzählige glitzernde Spinnennetze mit ihren feinen Wasserperlen sind überall zu sehen. Vor mir ist ein Busch an dem wohl 20 Heidelibellen hängen. Vorsichtig nähere ich mich den mit Wasserperlen behängten Insekten. Wie schwer mag für sie dieses Wasserspiel der Natur sein? Sie warten geduldig auf die Sonne, die ihre Kraft und Energie spendet, damit die Insekten trocknen und sich wieder in die Lüfte erheben können.

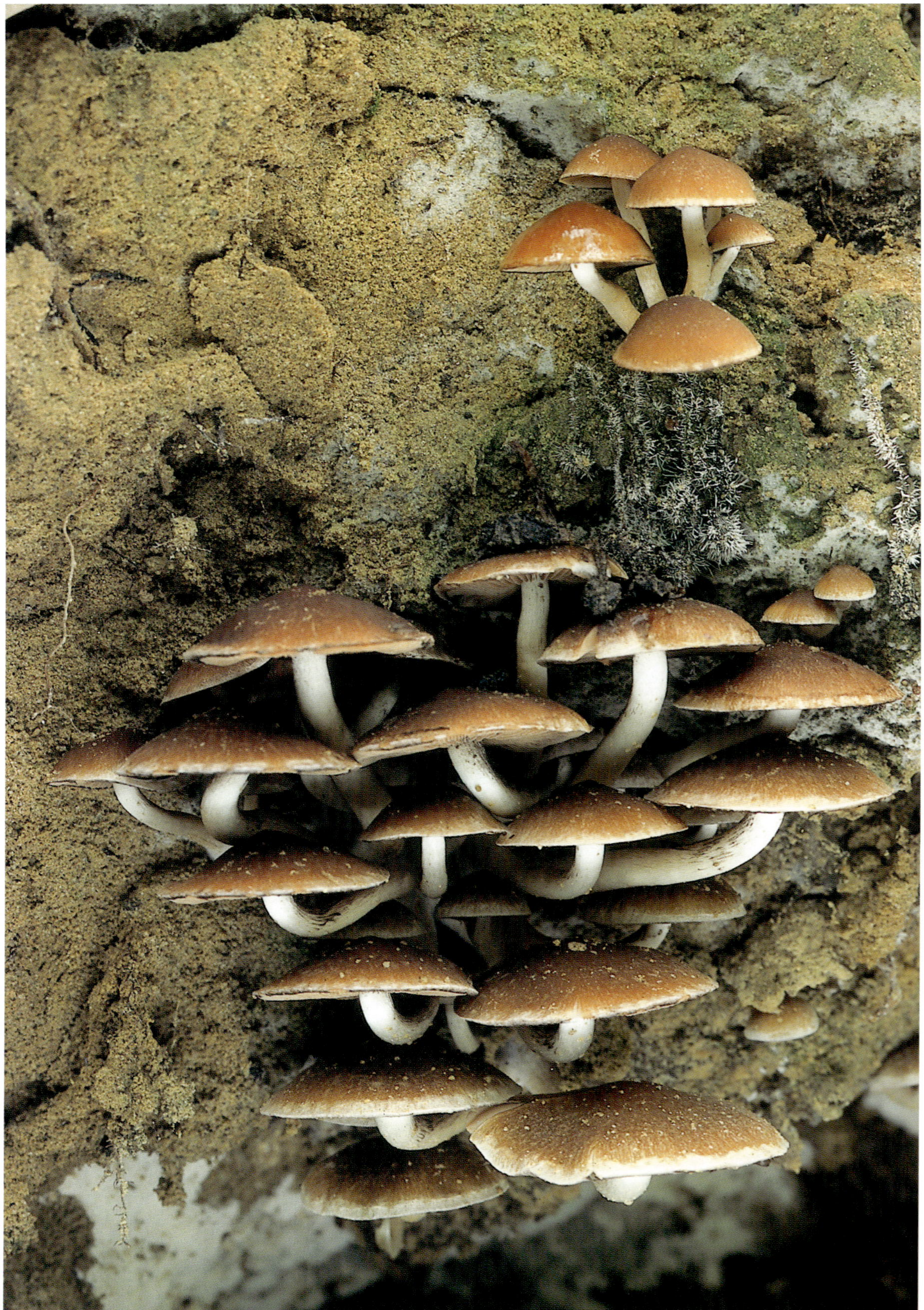

Nach Regenfällen im Frühherbst beginnen Pilze aus dem Boden zu sprießen.

Die Zeit, Pilze zu sammeln

Nach einer verregneten Septembernacht gehe ich morgens, als der Regen aufgehört hat, in den Teutoburger Wald. Überall sind jetzt Pilze zu finden, die ihre Köpfe durch das Laub schieben, welches die Feuchtigkeit am Boden hält, denn es liegt wie ein schattenspendender Teppich auf der Walderde. Die Sonnenintensität ist tagsüber bereits geringer geworden. Es riecht moderig und feucht, an vielen Stellen finde ich Kugelköpfe, deren Oberflächen vom Regen glänzen. Pilze haben kein Blattgrün und entziehen die organischen Nährstoffe dem humusreichen Boden oder dem absterbenden Holz, auf dem sie wachsen. Ich lege mich auf den Waldboden, denn ein Pilz wirkt auf dem Foto am besten aus der Froschperspektive. Ich bin nicht mit dem Korb, sondern mit der Kamera auf Pilzsuche, daher gefallen mir alle Pilze, ganz gleich ob giftig oder ungiftig. Ihre Formen und ihr Auftreten in kleineren oder größeren Ansammlungen, in Stockwerken oder teppichähnlich, als Hexenring oder ganz einfach einzeln spiegeln ihre Vielfalt wider. Sie zieren alte Baumstämme oder beschuppen sie, sie können winzige oder tellergroße Pilzhüte besitzen. Von der Hutunterseite sind sie wie ein filigranes Kunstwerk mit Röhren oder Schuppen ausgestattet.

Die Senne – bald Nationalpark?

Fast endlos erscheint der holprige Kopfsteinweg, der an beiden Seiten mit alten, knorrigen Bäumen gesäumt ist, in denen ich so manches Eulenloch entdeckt habe. Ein Schwarzspecht fliegt über die Straße, an einen Baumstamm rechts von mir. Sehr gern würde ich jetzt anhalten, aber das ist untersagt, denn ich befinde mich im Truppenübungsgebiet Sennelager, wo auf allen Strecken Halteverbot besteht! Kontrollfahrzeuge fahren die Strecken ab und achten auf Parksünder oder Fahrer, die ihr Auto verlassen und bitten zur Kasse.

Hier gibt es noch viel Wild, viele Vögel und sicherlich auch sehr interessante Pflanzen. Aus dem Auto heraus sieht man vor allem in der Dämmerung Dam- und Rothirsche. Auch ein Fuchs begegnet einem gelegentlich am Straßenrand. In der Senne gibt es viele Gebiete, die sehr schützenswert sind. Eine leicht hügelige, sandige Heidefläche liegt im Süden des Gebietes, und ein Waldgürtel zieht sich bis zum Teutoburger Wald hinüber, wo ich auch schon Schwarzwild gesehen habe. Bäche, Feuchtzonen und Auwaldbereiche geben dem Schwarzstorch Lebensraum. Jedes Jahr übernachten und rasten hier über tausend Kraniche im Truppenübungsgebiet. Das Militär nimmt Rücksicht darauf und sperrt solche Rastplätze ab.

Die Senne liegt nördlich von Paderborn und reicht bis zum Teutoburger Wald sowie bis fast nach Bielefeld. In dem Gebiet entspringen Ems und Lippe. Ein Drittel wird als Truppenübungsplatz genutzt, deshalb ist dieses Gebiet von der Zersiedlung und intensiver landwirtschaftlicher Nutzung verschont geblieben. Wälder, Heideflächen, Bäche, Quellen und Binnendünen mit großem Artenreichtum gilt es zu schützen. Hoffen wir, daß hier bald ein Nationalpark mit Beobachtungsmöglichkeiten für unvergeßliche Naturerlebnisse entstehen wird.

Foto oben: Eichhörnchen sammeln Wintervorräte und vergraben sie.
Foto unten: Auf dem waldähnlichen Sennefriedhof in Bielefeld begegnen uns Eichelhäher und Eichhörnchen in großer Zahl.

Die Sammler des Waldes

Aus der Deckung heraus schaue ich auf einen Nußbaum. Jetzt im Herbst kommen täglich Eichhörnchen, bis alle Nüsse gesammelt sind. Ich habe mir ein kleines Versteck gebaut und warte schon eine halbe Stunde, ohne daß sich etwas regt. Als ich dann aber den Waldweg herunter schaue, sehe ich etwas über den Waldboden huschen. Über einen alten, vermoosten Baumstamm läuft ein Eichhörnchen direkt auf mein Versteck zu. Plötzlich bleibt es stehen, stellt sich auf und reckt seine Nase in die Luft. Nachdem es die Umgebung als sicher angesehen hat, läuft es am Stamm des

Der Eichelhäher betrachtet aufmerksam seine Umgebung.

dies geschieht blitzschnell; schon fällt eine leere Schale zu Boden.

Nun beginnt das Schauspiel des Sammelns von vorn.

Eichhörnchen können rotbraun bis dunkelbraun gefärbt sein. Wir finden sie in Laub-, Nadelwäldern, Parks und Gärten. Selbst in der Stadt kommen die fleißigen Sammler bis in unsere Gärten. Sie bauen Kugelnester, sogenannte Kobel, in die Kronen der Bäume nahe am Stamm und bekommen 1 bis 2 Mal jährlich Nachwuchs mit jeweils 3–4 Jungen. Untereinander verteidigen sie ihre Reviere und jagen Artgenossen oft in einer hastigen Jagd fort. Hierbei rennen sie als akrobatische Kletterer um die Bäume und springen von einem zum anderen Stamm, bis ein Artgenosse nachgibt. Ihre Feinde sind Baummarder und Habicht. In der Stadt sind jedoch der Straßenverkehr und herumstreunende Katzen die größten Feinde.

Eichelhäher

An Waldrändern, in Parks und größeren Gärten finden wir den Eichelhäher. Er wirkt sehr bunt mit seiner rötlich-braunen Unterseite und seinen blauen Flügeldecken. An seinem Kopf fallen der schwarze Bartstreif sowie die hellblauen Augen auf. Sein durchdringender krächzender Ruf ist weit zu hören. Wenn der Vogel sich sicher fühlt, gibt er verschiedenartigstes Geschwätz von sich. Im Herbst sammelt er Eicheln für seinen Wintervorrat. Da er nicht alle versteckten Eicheln wiederfindet, verbreitet er die Eiche.

Nußbaumes hoch und pflückt sich eine der begehrten Früchte. Mit der Nuß im Mund geht es wieder den Baumstamm hinunter, zurück in Richtung Wald. Etwa 20 m entfernt verharrt es, kratzt den Boden auf und vergräbt die Nuß. Ich kann gut beobachten, wie es hierbei die Vorderläufe wie 2 Hände gebraucht, das Loch schließt und den Boden festklopft. Kaum ist dies geschehen, dreht es sich um, rennt wieder zu dem Nußbaum, klettert hinauf. Nächste Nuß – nächstes Versteck! Dieses wiederholt sich viele Male, bis das flinke kleine Wesen eine Nuß in den Pfoten hält und die harte Schale mit den Zähnen aufknackt. Auch

Der Turmfalke „steht" in der Luft und sucht nach Nahrung.

Externsteine

Alte Fensternischen dienen häufig als Kinderstuben der Turmfalken.

Unser häufigster Greifvogel vom Flachland bis zum Hügelland

Vorsichtig schiebe ich das Tuch ein wenig zur Seite, um besser sehen zu können. In 10 m Entfernung liegt ein halbkreisförmiges Giebelfenster, dessen Gesims ein Turmfalke für seine Kinderstube nutzt. Er brütet hier schon seit Jahren, daher habe ich bereits im Winter ein Versteck auf dem großen Boden der Scheune gebaut. Der Vogel nimmt mich nicht wahr, da ich im Dunklen sitze und nur eine kleine Öffnung im Tuch mein Objektiv verrät.

Das Turmfalkenmännchen bringt eine Maus und verteilt sie fürsorglich in kleinen Stücken an die Jungen. In eine Woche wird er die Beute nicht mehr zerkleinern müssen, sondern nur noch überreichen. Der Turmfalke baut kein kunstvolles Nest, sondern legt seine Eier in Felsspalten oder wie hier auf einem Mauergesims ab. Auch in leerstehenden Schleiereulennistkästen brütet er gerne. So konnte ich früher im Ochsenmoor an 2 kleinen Viehhäuschen beobachten, wie er dort immer wieder Schleiereulenkästen besetzte.

Im April werden 4–6 Eier gelegt, nach 4 Wochen schlüpfen die Jungen. Als Nesthocker werden sie noch ca. 30 Tage gefüttert. Danach fliegen sie gemeinsam mit den Altvögeln umher, betteln aber immer noch um Nahrung.

Der charakteristische Beuteflug des Turmfalken, bei dem er hauptsächlich Mäuse und Maulwürfe erbeutet, ist das Rütteln auf einer Stelle in der Luft. Aus dieser Position beobachtet er genau seine Beute und stürzt sich bei günstiger Gelegenheit von oben herab. Sein Jagderfolg stellt sich jedoch häufig erst nach mehreren Versuchen ein. Sein Jagdgebiet liegt oft auch rechts und links von Straßen. Wir finden ihn ebenfalls auf Kirchen, Türmen und Felsen. Vor einiger Zeit habe ich sogar einen Turmfalken auf den Externsteinen gesehen. Hier ist jedoch für einen Brutplatz zuviel Unruhe, denn die Steine laden zum Klettern ein.

Lautlose Jäger in der Nacht

Es ist 21.00 Uhr, und ich sitze im Auto unter einem großen Kastanienbaum. Ich sehe, wie eine Eule mit ihren langen Beinen auf dem schräg gegenüberliegenden Strommasten landet. Trotz der Dämmerung kann ich ihr herzförmiges Gesicht mit den kleinen schwarzen Augen erkennen. Die Eule fliegt wieder los, gleitet über mein Auto hinweg. Ihre Federn sind so gebaut, daß ich keine Fluggeräusche hören kann. Kurze Zeit später kommt sie mit einer Maus in den Fängen auf den Mast zurück. Nun nimmt sie die Maus in den Schnabel, beobachtet nochmals die Umgebung und fliegt zur Giebelwand. Aus dem „Eulenloch" schaut bereits ein Jungvogel heraus und übernimmt die Beute. Die Jungeule geht mit der Nahrung im Schnabel in den Kasten, ein weiterer Jungvogel streckt erwartungsvoll den Kopf heraus. Die Altvögel jagen weiter und bringen an diesem Abend noch mehrere Mäuse zu ihrem bettelnden Nachwuchs.

Jetzt Ende September hat die Eule sogar ihre dritte Brut, denn in diesem Jahr haben wir ein „Mäusejahr", und die Eule hat schon 2 Bruten mit insgesamt 9 Jungvögeln großgezogen. Der Bestand der Eule ist nahrungsabhängig. Bleiben die Mäuse aus, sterben zuerst die kleineren, schwächeren Jungvögel und werden sogar an die Geschwister verfüttert.

Fotos rechts: Nächtliche Beobachtungen von Eulen sind für mich besonders intensive Erlebnisse, da man die Tiere sonst eigentlich gar nicht zu Gesicht bekommt, und die Dunkelheit die Schönheit dieser Vögel verbirgt.

Foto S. 63: Durch das Aufhängen eines Schleiereulenkastens brüten diese Schleiereulen seit vielen Jahren erfolgreich.

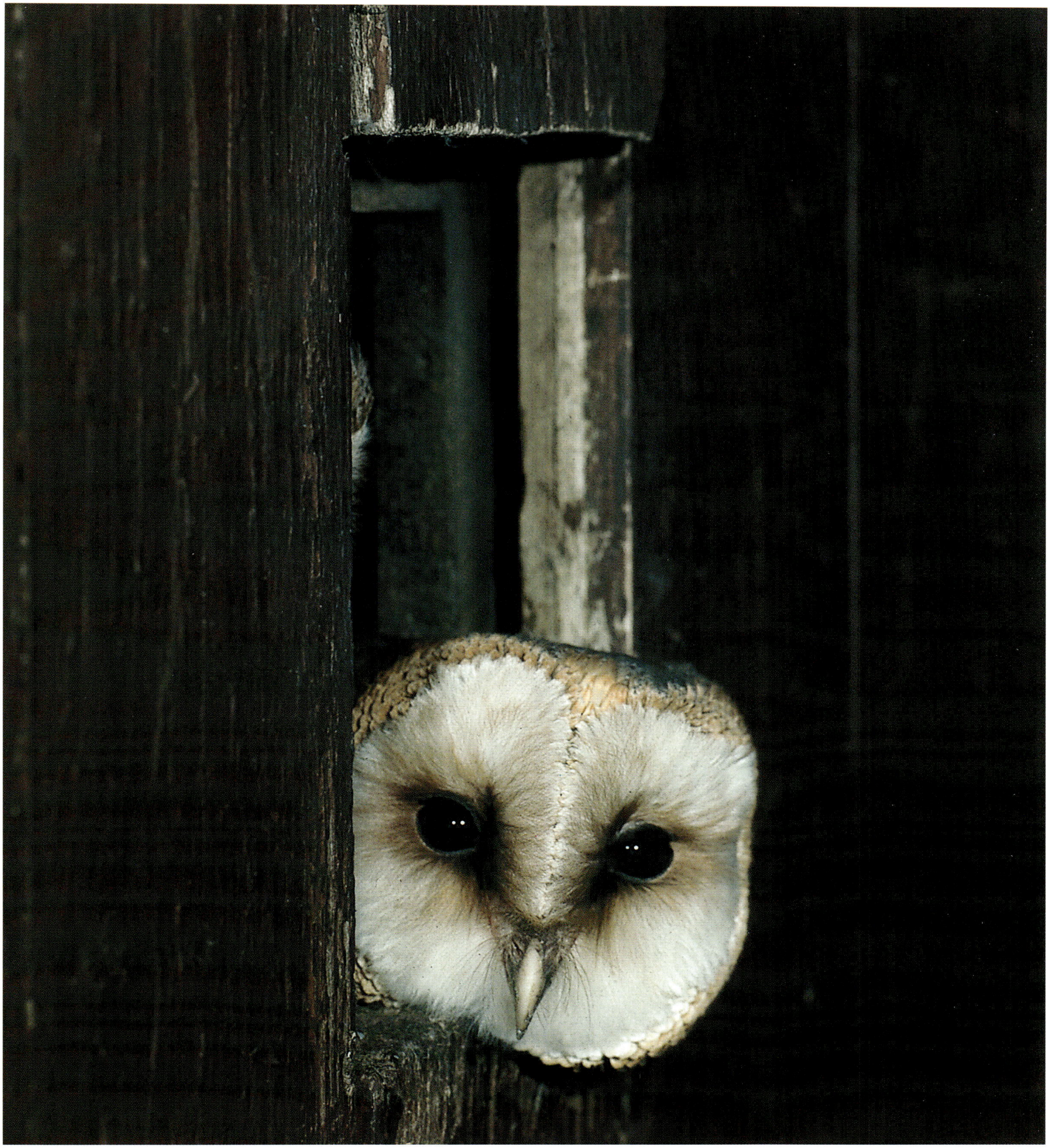

Kraniche benötigen auf ihren Flügen ungestörte Rastplätze für die Nacht, diese finden sie in der Diepholzer Moorniederung und der Senne.

Kraniche – lautstarke Zugvögel auf der Suche nach ruhigen Plätzen

Jedes Jahr im Frühjahr fliegen die Kraniche in Keilformation Richtung Nordost zu ihren Sammel- und Brutplätzen und im Herbst Richtung Südwest wieder in ihre Überwinterungsgebiete. Laut rufend ziehen sie über uns hinweg und lenken dabei unsere Aufmerksamkeit auf sich. Die meisten Beobachter erzählen gerne von ihren Kranicherlebnissen; häufig findet man auch Notizen in der Tagespresse. Die Flugroute der großen Vögel verläuft über die Dümmerniederung und Ostwestfalen. Hoch über den Städten und Landschaften sehen wir die typische Flugformation, aber nur ganz selten können wir die Tiere aus der Nähe betrachten. Regelmäßig im Februar/März auf dem Hinzug und im Oktober oder November auf dem Rückzug übernachten sie im Bereich der Diepholzer Moorniederung, des Oppenweher Moor und der Senne. Im Flug erkennen wir die lang ausgestreckten Hälse und Beine. Die Brutplätze sind hauptsächlich in Skandinavien. In Schweden am Hornborger See treffen sich jedes Jahr mehrere tausend Vögel zur Gemeinschaftsbalz. Im September sammeln sie sich auf Öland, fliegen von dort nach Rügen, überqueren unseren Bereich und setzen ihre Reise fort zu ihrem Winterquartier in Spanien in der Extremadura. Kraniche sind langhälsige, große Schreitvögel, ihre Rufe sind weit zu hören, oft sieht man sie dabei nicht einmal. Auf dem Rückflug im Spätherbst kann man die Jungvögel gut beobachten, die bis in den Winter hinein mit den Altvögeln zusammenbleiben. Als Nahrung bevorzugen sie Getreide, Kartoffeln, Mais sowie Regenwürmer, kleine Wirbeltiere und Insekten. Jährlich überqueren uns 20.000 bis 30.000 Kraniche. In den neuen Bundesländern und in Schleswig-Holstein kommt der Kranich auch als Brutvogel vor.

Fischadler beim Fang seine Beute.

Fischadler – der heimliche Fischjäger

Es ist Ende September. Ich stehe auf dem Südturm und schaue auf den Dümmer. Zahlreiche Enten sind mitten auf dem See. Bläßrallen, zwei Schwäne, Kormorane und Graureiher entdecke ich mit dem Fernglas. Eine Rohrweihe streicht über das Schilfgras. Ein Mäusebussard setzt sich auf seinen Ansitz.

Im Bereich der Huntemündung fällt mir ein weiterer Greifvogel auf. Er ist größer als der Mäusebussard und fliegt mit langen, schmalen Flügeln, die er im Gleitflug gelegentlich anwinkelt. Sein Unterkörper ist weiß, von der Oberseite ist er seinen Körper wieder aus dem nassen Reich zu ziehen. Es ist tatsächlich der Fischadler, in seinen Fängen hält er eine Beute! Mit dem gerade gefangenen Fisch fliegt er auf den abgestorbenen, jedoch dennoch kräftigen Ast eines Baumes. Er fängt an, den Fisch zu kröpfen. Eine schöne Beobachtung, doch leider zu weit entfernt.

Zu Hause lese ich, daß sich dieser Vogel im Spätsommer und Herbst in Teichgebieten oder fischreichen Gewässern aufhält. Auf einer Landkarte suche ich geeignete Fischteiche und versuche mein Glück von neuem. Tatsächliche entdecke ich auch dort einen Fischadler, der über die Seen fliegt. Ich erkenne seinen schwarzen Halsstreif und die gebogenen langen Krallen an den relativ langen Beinen. Er ist perfekt gebaut zum Fischfang, aber leider auch sehr scheu.

Während eines Urlaubs in Skandinavien gelang es mir aber, einige Aufnahmen dieses faszinierenden Jägers zu machen.

braun. Ich beobachte ihn mit dem Fernglas, um meine Vermutung zu bestätigen. Plötzlich winkelt der Vogel die Flügel bis an den Körper an und stürzt senkrecht von oben in den See. Wasser spritzt 2–3 Meter hoch und der Vogel ist vollständig unter der Wasseroberfläche. Er taucht sofort wieder auf, legt seine Flügel einen kurzen Moment auf das Wasser und beginnt mit kräftigem Flügelschlag,

Beerensträucher bieten bis in den Winter hinein Nahrungsvorräte für z. B. Wacholder- und Rotdrosseln.

Zeit, Beeren zu sammeln

Wenn sich der Herbst verabschieden will, die Blätter schon von den Zweigen herabgefallen sind, leuchten rote Beeren im Sonnenlicht. Diese roten Punkte ziehen die Vögel wie Magnete an. Auf dem Weg zum Setter Wald sehe ich einen Baum mit einer roten Krone, prall besetzt mit Mengen von Beeren leuchtet er knallrot in der langsam immer bräunlicher werdenden Umgebung. Ich sehe auch einen Dompfaff und 2 Wacholderdrosseln, die sich an dem gedeckten Tisch erfreuen.

Weißdorn, Holunder, Schlehe, Eberesche, Schneeballgewächse und die Heckenrosen tragen jetzt Früchte, die unseren heimischen Vögeln kostbare Winternahrung bieten, denn die Beeren reichen oft noch bis Dezember oder bis ins neue Jahr. Wir können Rotkehlchen, Grünfinken und Rotdrosseln betrachten, die die Sträucher und Bäume bis zur letzten Beere aufsuchen.

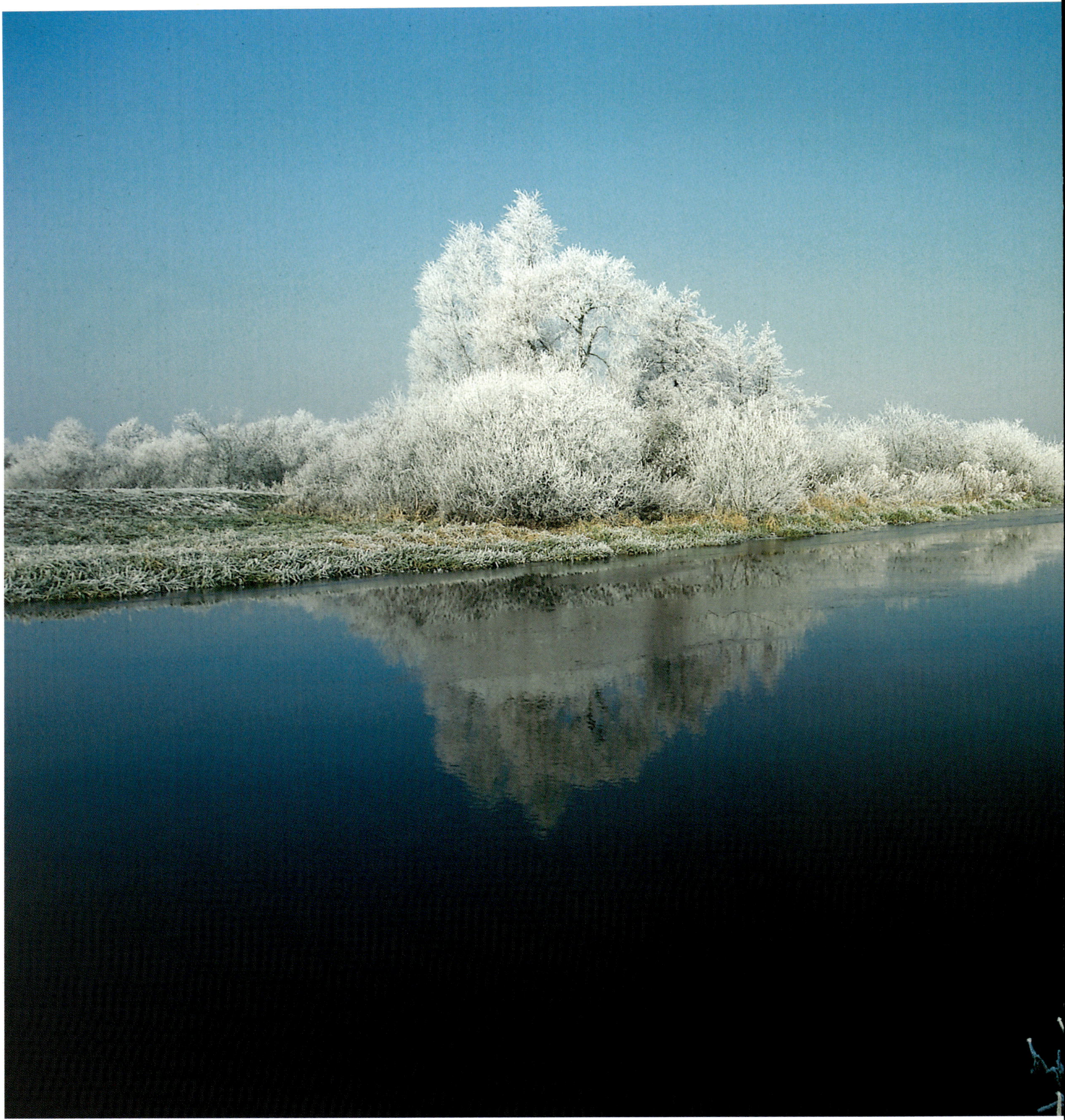

Eine Puderzuckerlandschaft

Es ist kalt geworden, gestern abend kam Nebel auf. Die Temperatur der letzten Nacht war weit unter 0° C. Der Winter hat Einzug gehalten.

Unzählige kleine, weiße Rauhreifhärchen sitzen nun an den kahlen Bäumen und Sträuchern, auf verdorrten Blättern und dem Boden und geben ihnen phantastische, weiße Formen. Die Sonne geht auf; ein stahlblauer Himmel bildet dazu die reizvolle Kulisse. Das Sonnenlicht läßt den Rauhreif glänzen, und für 1–2 Stunden erlebe ich eine grandiose Landschaft. Es sieht aus, als hätte jemand Puderzucker verstreut. Mit steigenden Temperaturen wird der Reif matter und nasser, bis er zuletzt kleine Tröpfchen bildet und herabfällt.

Ein Fasan läuft über die vereifte Wiese. Er ist jetzt schlecht getarnt, als ein bronzener Farbfleck hebt er sich hervor.

Rebhühner laufen in Ketten und bleiben gerne am Rande der Hecken oder an den Pfahlreihen an Feldrändern stehen. Auch sie haben ihre Tarnung verloren und sehen wunderschön in der weißen Umgebung aus.

Es tropft immer mehr, als würde es regnen. Überall glitzert und glänzt es, langsam kehrt die normale Färbung der Zweige wieder zurück. Zuerst schauen dunkle Spitzen aus den weißen Kronen, und nach und nach verlieren Bäume und Sträucher ihren Zauber. Die Landschaft bekommt wieder ihre gewohnte, graubraune Färbung.

Foto links: Winterstimmung an der Huntemündung.
Foto unten: Rebhuhn im Rauhreif.

An den Wintersammelplätzen der Waldohreulen

Das Licht der Straßenlampe fällt noch schwach auf die Fichtenreihe, die als Grenzbepflanzung auf dem Grundstück in Hüde steht. Hier versammeln sich jedes Jahr zahlreiche Waldohreulen an ihrem Wintersammelplatz. In besonders harten Wintern habe ich hier schon über hundert Tiere gezählt. Sie sitzen nah am Stamm in den immergrünen Bäumen und sind kaum wahrzunehmen. Am besten sieht man sie, wenn man von unten am Stamm hochschaut oder wenn sie in den Kiefern sitzen, die lichter sind. Es ist 16.30 Uhr und die Dämmerung beginnt. Ich sitze etwa 20 m entfernt und beobachte die Bäume. Eine erste Eule fliegt abwärts aus dem Baum heraus, gleitet lautlos über mich hinweg. Eine zweite, dritte und vierte Eule folgen, schließlich noch weitere drei, die zu ihrem nächtlichen Beuteflug aufbrechen. Immer mehr Eulen lösen sich aus dem Baum. 42 Exemplare konnte ich an diesem Abend zählen. Waldohreulen haben solche winterlichen Tageseinstände häufig in Gärten, auf Friedhöfen oder auf Nadelbäumen rechts und links der Straßen. Diese Überwinterungsplätze werden jedes Jahr wieder aufgesucht. Die Waldohreulen sind schlanke Vögel mit Federohren, die aber nicht das Gehörorgan sind. Farblich sind die Eulen mit dem rindenähnlich marmorierten Gefieder optimal getarnt. Ihre Augen haben eine orangefarbene Iris. Die Waldohreule ist die verbreitetste Eulenart in unserem Gebiet. Sie brütet in ehemaligen Krähen- und Elsternnestern. Beim Ausschießen von solchen Nestern werden leider auch oft Waldohreulen getroffen.

Wintersammelplätze sind häufig an den Ansammlungen von Gewöllen am Boden zu erkennen. Ein Gartenbesitzer erzählte mir, daß er jedes Jahr im Frühjahr mehrere Schubkarren dieser unverdaulichen Reste zusammenharken kann. Wieviele Mäuse mögen das gewesen sein?

Foto S. 72 unten links: Große Ansammlungen von Gewöllen verraten Schlafplätze der Waldohreulen.
Foto S. 72 rechts: Bis zu 30 Eulen können sich in einem Schlafbaum sammeln.
Foto oben: Waldohreulen gehen erst in den Dämmerungsstunden auf Mäusejagd.

Foto oben: Eisblatt
Foto unten: Blick auf die Vogelwiese im Winter.

An der Römerbrücke in Hunteburg.

Von Wind und Wasser geschaffen

Ein rauher Wind fegt über die Dümmerniederung. Ich merke die Kälte an den Händen und im Gesicht. Da der Frost noch nicht lange anhält, ist die Eisfläche auf dem See noch brüchig und trügerisch. Der Wind schafft es immer wieder, sie aufzubrechen. Es wird wohl noch 1 bis 2 Tage dauern, bis die Eisschicht fest geschlossen ist. Im Bereich der Vogelwiese entdecke ich einige bizarre Eisgebilde, sie stehen senkrecht auf dem Eis und bilden gefächerte Windsperren. Hier hat der Wind kleine Eisschollen an der ihm zugewandten Seite herausgetrennt und über die verbliebene offene Stelle zur anderen Eiskante hingetrieben. Dort haben sich diese millimeterdünnen Eisgebilde unter die feste Kante des Eisrandes geschoben und durch die Hebelwirkung aufgerichtet. Der Frost schaffte es, sie in dieser Lage zu festigen, und so zeigen sie ihre vergängliche Schönheit solange der Frost anhält. Ich hole mit dem Teleobjektiv diese Formationen näher heran und entdecke Eisblätter, die mit Äderchen gezeichnet sind und einen Rauhreifrand haben. Dreiecke sind in allen möglichen Formen und Zusammenstellungen zu finden. Einige Gebilde sehen aus wie Kohlköpfe, andere erinnern an kleine Segelschiffe. Man entdeckt immer wieder Neues. Der Wind bricht kleine Teile ab; man hört ein klirrendes Geräusch, wenn diese Stückchen auf das umgebende Eis treffen.

Ein schönes Wintererlebnis, auch wenn ich heute nur ganz wenig Tiere gesehen habe.

76

Foto S. 76 oben: Blick Richtung Eickköpen vom Südturm aus.
Foto S. 76 unten: Enten, wie diese Tafelente, halten durch Bewegung ein Wasserloch offen.
Foto oben: Das Bläßhuhn versucht mit großer Anstrengung, auf die Eisscholle zu gelangen.

Vögel am Wasserloch

Wieder einmal auf dem Südturm schaue ich auf den Dümmer. Eine fast geschlossene Eisdecke versiegelt die Oberfläche. In Richtung der Wochenendhaussiedlung Eickköpen entdecke ich eine offene Wasserstelle, besetzt mit hunderten von Enten. Mit dem Fernglas sehe ich auch noch Graugänse, Gänsesäger, Zwergsäger und Bläßrallen. Die Vögel schwimmen zwischen den Eisschollen umher und halten durch ihre Bewegung das Wasser offen. Die Füße der Wasservögel sind recht gut geschaffen für das Überleben auf dem Eis, denn die Temperaturen der Füße liegen niedriger als die Körpertemperatur. So ist es möglich, daß die Tiere stundenlang auf dem Eis stehen können. Das Gefieder muß äußerst sauber und trocken gehalten werden, so wirken die Luftschichten zwischen den Federn wie ein Wärmeschutz. Nasse Federn hingegen würden gefrieren, der Vogel würde nicht mehr fliegen können, unterkühlen und sterben. In harten Wintern werden solche Kälteopfer zur Nahrung für Krähen und Greifvögel. Auf der Hunte und der Lohne ist das Wasser noch offen, hier treffe ich ebenfalls größere Vogelscharen an. Graureiher stehen am Wasserrand und profitieren oft von der Jagd der Säger, wenn diese Fische vor sich hertreiben. Hat der Frost das letzte Wasserloch auf dem Dümmer geschlossen, können die Vögel nur noch auf die offenen Fließgewässer ausweichen.

Ausgedehnte Schilfbereiche sind der Lebensraum der Rohrdommel. In der Südbucht vom Dümmer ist die Rohrdommel im Winter manchmal zu beobachten.

Die Rohrdommel

Die Landschaft hatte schon mehrere Tage ihr winterliches Gesicht. Kalte, sternenklare Nächte haben die Wasseroberfläche des Sees erstarren lassen. Als ich an einem solchen Morgen wieder einmal den weißen Zauber erleben will, sehe ich links neben dem Weg eine ungewöhnliche Gestalt. Ein Meister der Tarnung, der sonst seiner Umgebung vollkommen angepaßt ist, steht jetzt auffällig vor der weißen Pracht. Eine Rohrdommel lauert in etwa 50 m Entfernung vor mir und versucht, sich durch ihre Pfahlstellung noch besser zu tarnen. Dabei streckt sie ihren Hals und den Schnabel senkrecht zum Himmel. Da ihr Gefieder wie Schilfhalme aussieht, in welchem Licht und Schatten spielen, glaubt sie wohl, so nicht mehr gesehen zu werden. Ich kann mich noch ein wenig nähern. Langsam steigt die Sonne auf und aus dem glühenden Ball wird allmählich die Spenderin des Tageslichtes. Die hellen Strahlen beleuchten den reiherähnlichen Vogel und blenden ihn, weshalb er mich wohl nicht mehr wahrnimmt. Ganz langsam bewegt sich die Rohrdommel wie im Zeitlupentempo auf mich zu und schleicht zwischen Schilfhalmen hindurch zu einem kleinen Rinnsal. Mit ihren langen Zehen führt sie dabei Balanceakte auf den Schilfhalmen aus. Bei diesem Vorwärtsschreiten gewinnt man den Eindruck, als würde der Hals des Tieres allen Bewegungen noch einen besonderen Ausdruck verleihen. Behutsam verläßt sie den Schilfrand, streckt den Hals immer länger flach über den Boden. Sie dreht den Kopf zur Seite, trinkt ein paar Wassertropfen und beobachtet mit einem Auge die Umgebung. Mittlerweile beträgt unsere Distanz nur 10–12 m. Die Rohrdommel schreitet noch ein paar Mal zum Wasser und wühlt dann einen Frosch aus dem Schlamm. Sie wirft ihn hoch und schnappt ihn mit dem Schnabel. Man kann sehen, wie er dann im Hals des Tieres weitertransportiert wird. Nach einiger Zeit kommen Spaziergänger auf mich zu, ihr Hund rennt die Böschung herunter zu dem Schilfgürtel. Sofort ergreift die Rohrdommel die Flucht und fliegt in einen entfernten Schilfbereich. Im Frühjahr werden wir sie nur äußerst selten sehen, aber die tiefen, dunklen Rufe verraten ihre Anwesenheit. Diese Rufe haben ihr auch den Namen Moorochse eingebracht.

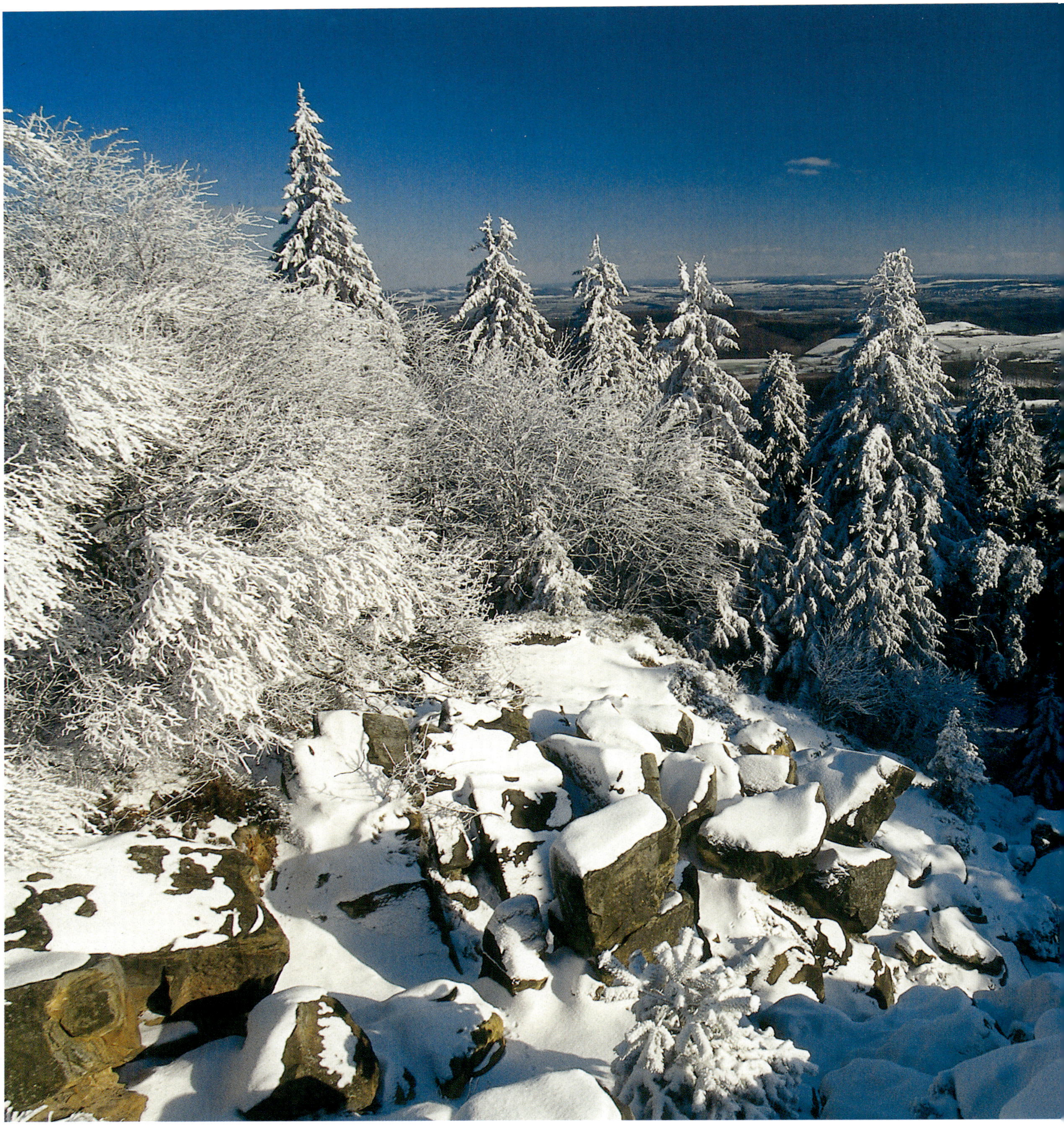

Ein Wintervergnügen wie im Gebirge

Sonnenlicht fällt auf die glitzernd weiße Schneedecke, die alles verzaubert hat. Der Schnee ist bis zu 30 cm tief; das Stapfen durch die weiße Pracht macht richtig Spaß. Der blaue Himmel läßt das ganze wie ein Wintermärchen erscheinen. Die Bäume sind dick beladen. Immer wieder fällt etwas Schnee herunter. Hier am Velmerstot hat der Wind an jedem Zweig eine kleine Schneefahne geformt, die durch den Frost erstarrt ist.

Die Landschaft ist nicht wiederzuerkennen. Das ganze Tal bis zum Hermannsdenkmal ist tief verschneit. In Osnabrück liegt nicht ein Gramm Schnee, aber hier fühlt man sich wie im Winterurlaub im Gebirge.

Der Berg am Velmerstot ist 468 m hoch und damit der höchste Punkt im Naturpark Südlicher Teutoburger Wald. Die Westseite, dem Ort Schlangen gegenüber, ist durch die vorherrschende Windrichtung besonders schön eingepackt in diese Winterpracht. Am Bauernkamp wird Schlitten gefahren, gewandert und Langlaufski betrieben. Ein Bick zum Lipper Wald zeigt, daß dort weniger Schnee gefallen ist. Die grünen Nadelbäume ergeben mit den vereisten Zweigen der Lärchen und Laubbäume eine monochrome Kulisse. Beim Aufgang zum Aussichtspunkt bieten die Wälder ein kaltes Bild aus schwarzen und weißen Tönen. Der Waldboden ist gefroren und erstarrt. An den Waldrändern sind die herunterhängenden Zweige zu weißen Vorhängen geformt. In der Tierwelt geht es jetzt ums Überleben. Sie haben vermutlich weniger Sinn für die stille Schönheit der Schneefelder. Aber weiß man es?

Am Velmerstot können die Ostwestfalen richtigen Winter erleben. Wenn in Paderborn, Herford oder Lage auch kein Schnee liegt, so hat der Winter die 468 m hohe Erhebung fest im Griff.

Zwischen den Wildschweinen

Vorsichtig folge ich dem Pfad, immer den Blick nach links ins Unterholz gewendet. Dort steht die Bache mit ihren Jungen. Die neugierigen Frischlinge kommen bis auf den Weg. Sie werden genau von der Bache beobachtet, darum ziehe ich mich ein wenig zurück, kann aber den Blick nicht von der Rotte lassen. Die Kleinen balgen, rennen, drücken einander zur Seite und beschnüffeln alles, was auf dem Wege liegt. Etwas weiter steht ein Eber, der mit der Schnauze durch den Schnee gewühlt hat. Er schaut mich an, und ich mache noch schnell ein paar Bilder, bevor ich vorsichtig weitergehe.

So sehe ich eine zweite Bache mit Frischlingen und ein paar halbwüchsige Schweine. Plötzlich stürmen alle ins Unterholz der Fichten. Nicht weit von mir werden sie dort stehenbleiben, doch ich kann sie nicht mehr sehen, bin aber sicher, daß sie mich beobachten. Die Tiere sind immer noch Wildtiere, auch wenn ich in einem Wildpark bei Melle bin. Rund um die Dietrichsburg ist hier ein Wildgatter angelegt, in dem man die sonst so scheuen Tiere gut erleben kann. Wildschweine sind dicht behaart und haben eine nackte Rüsselscheibe. Ihre Augen sind klein und dunkelbraun, die Ohren sind stark behaart. Die Keiler haben kräftige, scharfe, aufwärtsgebogene Eckzähne, die Hauer. Die Schweine bevorzugen Wassernähe und suhlen sich gern. Sie sind Allesfresser und in freier Wildbahn meist morgens und abends zu sehen. Bei einer abendlichen Fahrt durch die Senne sind Wildschweine oft zu beobachten.

Wildschweine können wir im Saupark bei der Dietrichsburg beobachten.

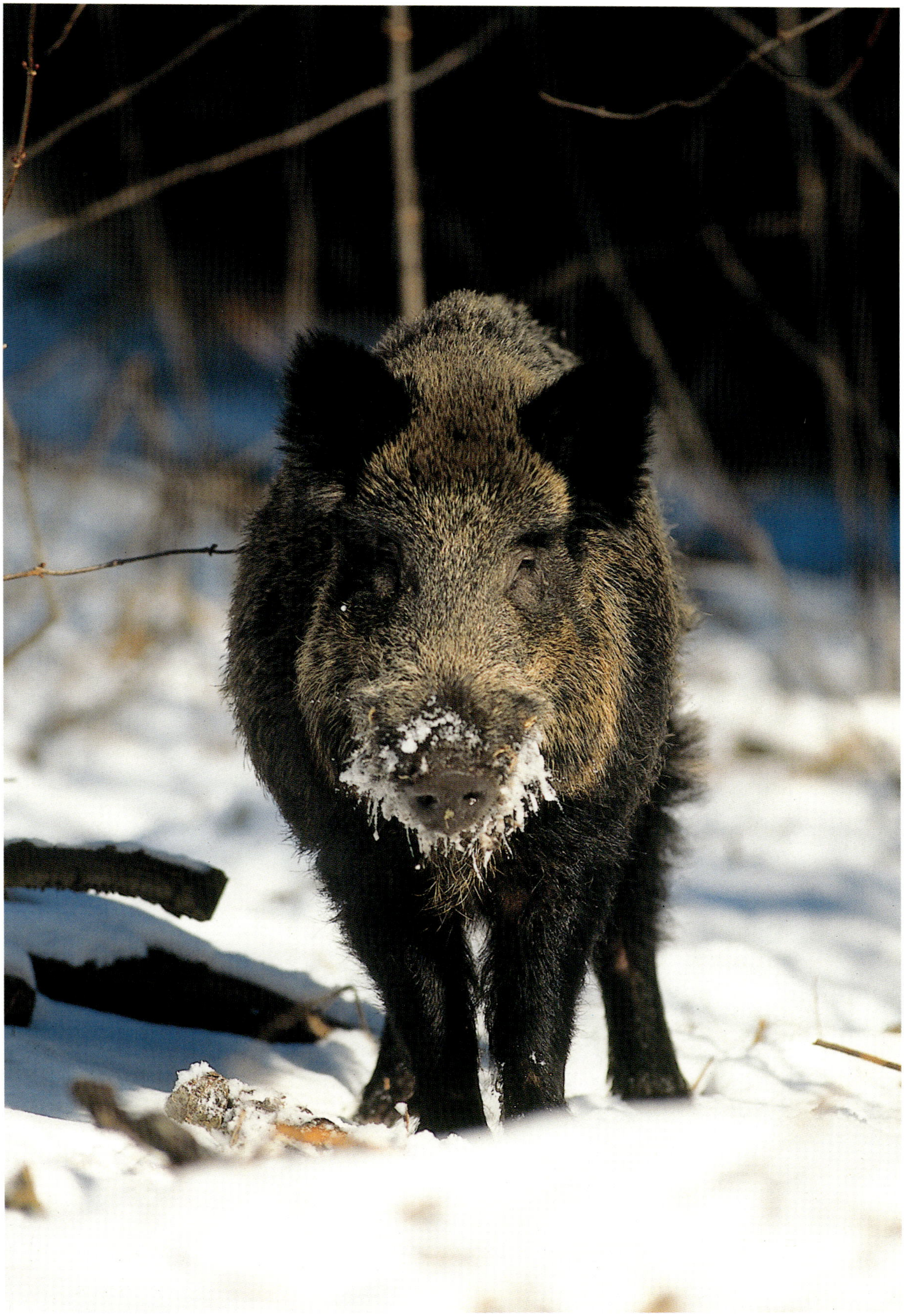

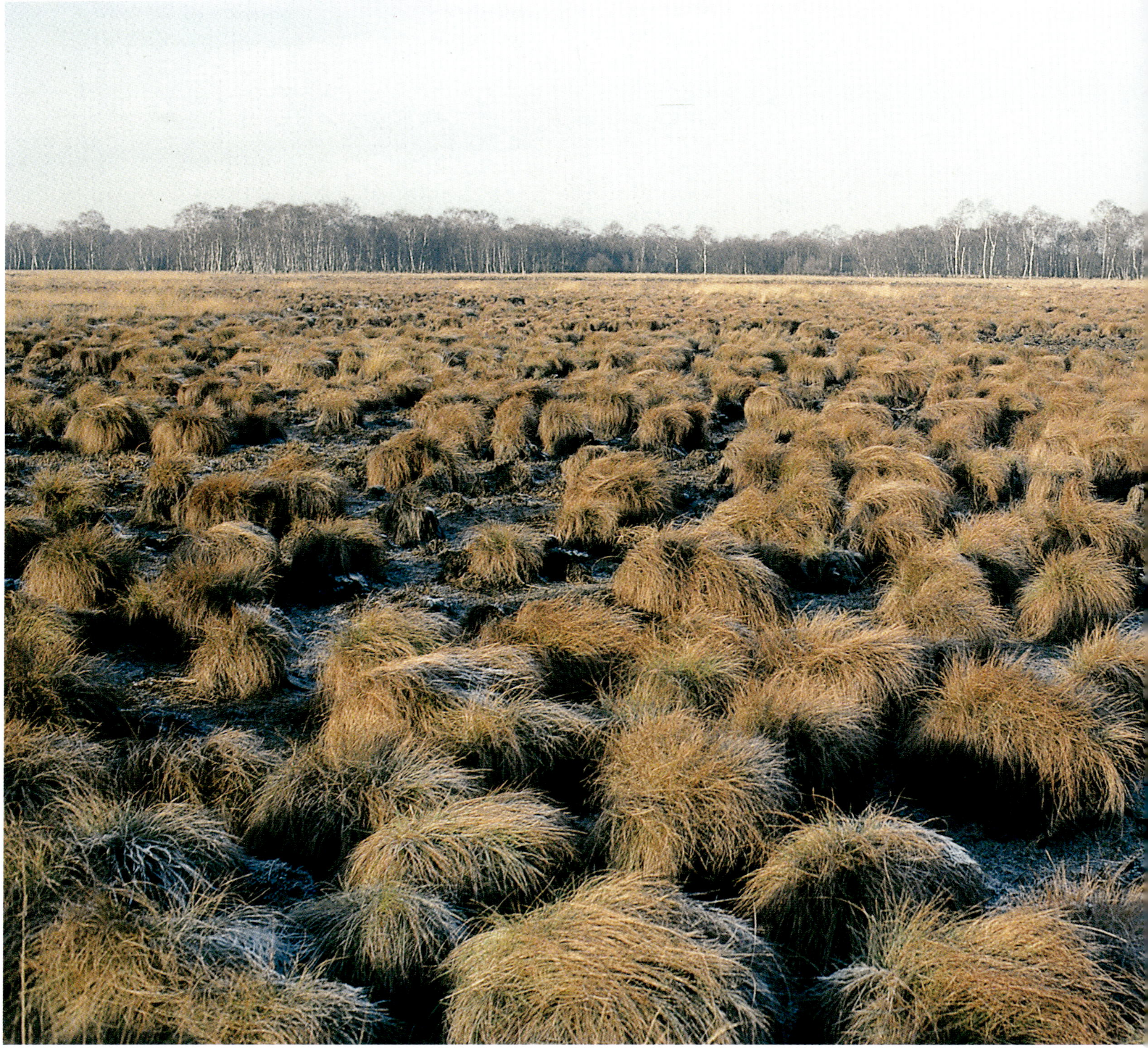

Winter im Moor

Ein eiskalter Wind weht über die Tiefebene. Der Boden ist gefroren, über dem Moor liegt ein Schweigen. Der Brachvogel ist längst an die Küsten, die anderen Vögel sind in ihre Winterquartiere, die Singvögel in die benachbarten Wälder geflohen.

Die Frösche, Schlangen und Libellen sind schon einige Zeit nicht mehr zu sehen. Irgendwo in meiner Nähe haben sie sich vielleicht auf dem Boden oder in einer Moorsenke versteckt, verbringen dort ihre Winterruhe.

Das Moor ist nun nicht mehr unbegehbar. Die dunkle, unheimliche Herbstfärbung haben der weiße Reif und Schneereste aufgehellt. Von den Moorknollen geht jetzt ein besonderer Reiz aus, wie Köpfe mit Haaren wirken sie. Wenn Schnee gefallen ist, erleben wir eine hügelige Moorlandschaft aus der nur noch hier und da die Birken herausschauen.

Den ganzen, kalten Tag verbringe ich im Moor, sehe einen Raubwürger, eine Sumpfohreule, aber von Reh und Hase nur die Spuren im Schnee.

Sobald Tauwetter einsetzt, beherrschen wieder die dunklen Farben das Bild. Aber schon bald, im zeitigen Frühjahr, werden die Moorfrösche wieder erwachen, die Kraniche hier übernachten und die Brachvögel über das Moor fliegen.

Das Oppenweher Moor

Der Mäusebussard

Zehn Grad minus, ich sitze in einem kleinen Holzverschlag und schaue auf einen alten Baumstumpen. Diese Ansitzwarte wird täglich von einem Bussard angeflogen. Der scheue Vogel registriert jede kleinste Bewegung und sieht so wirklich alles. Nach ungefähr 2 Stunden landet er, aber ich warte noch, bevor ich Fotos mache; er soll sich erst sicher fühlen. Als dann ein Artgenosse in die Nähe kommt, ist das Tier abgelenkt, schlägt mit den Flügeln, und ich kann einige Bilder machen.

Mäusebussarde sitzen gerne an Straßen, sogar an den Autobahnen sehen wir sie oft auf Weidepfählen. Sie sind braunweißlich gefärbt, können jedoch auch fast ganz weiß aussehen. Im Flugbild erkennt man die breiten Flügel und den gerundeten, relativ kurzen Schwanz. Obwohl er meistens über Feldern und Wiesen zu beobachten ist, brütet der Greifvogel im Wald auf höheren Bäumen. Die Nester werden oft jahrelang benutzt. Seine Hauptnahrung sind Feldmäuse; im Winter schlägt er auch geschwächte Vögel oder Hasen. Auf unseren Straßen geht er an angefahrene, tote Tiere. Seine Bestandsdichte ist wie bei den Eulen vom Bestand der Feldmaus abhängig. In der Dümmerniederung kommen im Winter auch Rauhfußbussarde vor, sie sehen dem Mäusebussard ähnlich, haben jedoch die Beine bis zu den Zehen befiedert.

Auf dem Foto fliegt ein Mäusebussard eine Sitzwarte an.

Foto oben: Sumpfohreulen können auch tagsüber auf Beutejagd beobachtet werden.
Foto unten: Gut getarnt sitzt die Sumpfohreule im Gras.

Die Sumpfohreulen

Im Oppenweher Moor und in der Dümmerniederung finden sich immer wieder Sumpfohreulen ein. In mäusereichen Jahren brüten sie sogar im offenen Gelände. Sie sind jedoch recht unregelmäßige Brutvögel, die in einem Jahr ausbleiben und im folgenden wieder verstärkt auftreten können.

Die Sumpfohreule ist der Waldohreule sehr ähnlich, hat jedoch eine gelbe Iris und lebt in Mooren und auf Feuchtwiesen. Sie sucht offene Landschaften mit deckungsreichem Buschwerk. Das Nest wird einfach als flache Bodenmulde ausgebildet. Im Frühjahr können wir die Imponierflüge der Männchen sehen, bei welchen die Flügel unter dem Bauch zusammengeschlagen werden. Die Sumpfohreule ist auch tagaktiv, ihre Verstecke liegen gelegentlich nah an einer Straße zwischen Grashügeln oder in kleinen Grabenvertiefungen. Der Winter kann große Verluste verursachen, denn wenn nach Regenfällen der Frost den Boden verschließt und die Mäuse ausbleiben, werden die Tiere von Tag zu Tag schwächer. Vor Jahren hatten wir solch eine Situation im Ochsenmoor. Die schwachen Tiere wurden im Kampf ums Überleben von Mäusebussarden geschlagen.

Weitere Bücher aus dem Wartberg Verlag

Annette Huss
Streifzüge durch Ostwestfalen-Lippe

Fotografien von Hans Wagner aus drei Jahrzehnten 1930–1960

Der Betrachter macht einen Streifzug durch die Region: von den Höfen, an den Feldern vorbei, auf denen die Ernte im Gange ist, bis hin zur Mühle; er sieht Handwerker bei der Arbeit, läßt sich mit dem Verkehr durch Wege und Straßen in die Stadt treiben, um später wieder hinaus auf's Land zu kommen.

64 S., geb., Großformat, s/w-Fotografien
ISBN 3-86134-276-6

Freizeitführer Ostwestfalen-Lippe mit Paderborner Land

1000 Freizeittips, Ausflugsziele, Sehenswürdigkeiten, Freizeitsport, Kultur, Feste und Veranstaltungen.
Die Städte und Kreise Herford, Höxter, Gütersloh, Lippe, Minden-Lübbecke, Paderborn und Bielefeld präsentieren sich mit ihren vielfältigen Angeboten.

180 Seiten, Format 21x15, zahlr. s/w- und Farbfotos
ISBN 3-86134-421-1

Babette Gerbode, Reinhard Lüpke, Marianne Witt-Stuhr, Jan Witt
Zeitreise durch Ostwestfalen-Lippe
Ausflüge in die Vergangenheit

Eine spannende Reise zu ausgewählten Orten der Geschichte.

Wie wurde diese Region zu dem, was sich uns heute präsentiert? Dem versucht dieses Buch auf die Spur zu kommen, in der Hoffnung, daß sich viele Leserinnen und Leser selbst auf die Reise durch die Zeit machen.

80 Seiten, Großformat, geb., Farbfotos
ISBN 3-86134-322-3

Wartberg Verlag
34281 Gudensberg-Gleichen, Im Wiesental 1
Tel.: (05603) 9 30 50 – Fax: (05603) 3083